吳爾芙

Virginia Woolf

吳慶宏◎著

出版緣起

　　二十世紀尤其是戰後，是西方思想界豐富多變的時期，標誌人類文明的進化發展，其對於我們應該具有相當程度的啓蒙作用；抓住當代西方思想的演變脈絡以及核心內容，應該是昂揚我們當代意識的重要工作。孟樊教授和浙江大學楊大春教授基於這樣的一種體認，決定企劃一套「當代大師系列」。

　　從1980年代以來，台灣知識界相當努力地引介「近代」和「現代」的思想家，對於知識份子和一般民眾起了相當程度的啓蒙作用。

　　這套「當代大師系列」的企劃以及落實出版，承繼了先前知識界的努力基礎，希望能藉這一系列的入門性介紹書，再掀起知識啓蒙的熱潮。

孟樊與楊大春兩位教授在一股知識熱忱的驅動下，花了不少時間，熱忱謹慎地挑選當代思想家，排列了出版的先後順序，並且很快獲得生智文化事業公司葉忠賢先生的支持，因而能夠順利出版此系列叢書。

本系列叢書的作者網羅有兩岸學者專家以及海內外華人，爲華人學界的合作樹立了典範。

此一系列書的企劃編輯原則如下：

1. 每書字數大約在七、八萬字左右，對每位思想家的思想進行有系統、分章節的評介。字數的限定主要是因爲這套書是介紹性質的書，而且爲了讓讀者能方便攜帶閱讀，提升我們社會的閱讀氣氛水準。

2. 這套書名爲「當代大師系列」，其中所謂「大師」是指開創一代學派或具有承先啓後歷史意涵的思想家，以及思想理論與創作具有相當獨特性且自成一格

者。對於這些思想家的理論思想介紹，除了要符合其內在邏輯機制之外，更要透過我們的文字語言，化解語言和思考模式的隔閡，為我們的意識結構注入新的因素。

3.這套書之所以限定在「當代」重要的思想家，主要是從1980年代以來，台灣知識界已對近現代的思想家，如韋伯、尼采和馬克思等先後都有專書討論。而在限定「當代」範疇的同時，我們基本上是先挑台灣未做過的或做得不是很完整的思想家，做為我們優先撰稿出版的對象。

另外，本系列書的企劃編輯群，除了上述的孟樊教授、楊大春教授外，尚包括筆者本人、陳學明教授、龍協濤教授以及曹順慶教授等六位先生。其中孟樊教授為台灣大學法學博士，向來對文化學術有相當熱忱的關懷，並且具有非常豐富的文化出版經驗以及學術功力，

著有《台灣文學輕批評》（揚智文化公司出
版）、《當代台灣新詩理論》（揚智文化公司出
版）、《大法官會議研究》等著作，現任教於
佛光人文社會學院文學所；楊大春教授是浙江
杭州大學哲學博士，目前任教於浙江大學哲學
系，專長西方當代哲學，著有《解構理論》
（揚智文化公司出版）、《德希達》（生智文化
公司出版）、《後結構主義》（揚智文化公司出
版）等書；筆者本人目前任教於政治大學東亞
所，著有《馬克思社會衝突論》、《晚期馬克
思主義》（揚智文化公司出版）、《中國大陸學》
（揚智文化公司出版）、《中共研究方法論》
（揚智文化公司出版）等書；陳學明先生是復
旦大學哲學系教授、中國國外馬克思主義研究
會副會長，著有《現代資本主義的命運》、
《哈貝瑪斯「晚期資本主義論」述評》、《性革
命》（揚智文化公司出版）、《新左派》（揚智
文化公司出版）等書；龍協濤教授現任北京大
學學報編審及主任，並任北大中文系教授，專
長比較文學及接受美學理論，著有《讀者反應

理論》（揚智文化公司出版）等書；曹順慶教
授現爲四川大學文學與新聞學院院長，專長爲
比較文學及中西文論，曾爲美國哈佛大學訪問
學人、南華大學及佛光人文社會學院文學所客
座教授，著有《中西比較詩學》等書。

　　這套書的問世最重要的還是因爲獲得生智
文化事業公司總經理葉忠賢先生的支持，我們
非常感謝他對思想啓蒙工作所作出的貢獻。還
望社會各界惠予批評指正。

李英明

序於台北

序

　　維吉尼亞・吳爾芙（1882-1941）是二十世紀英國最傑出的女作家、女性文學批評的開拓者、女性主義的先驅。她的創作相當豐富，其中小說《戴洛維夫人》、《燈塔行》、《海浪》被視為意識流的經典作品。她在 1929 年出版的女性主義小冊子《自己的房間》則是她擁有讀者最多、知名度最高的一部作品，被譽為西方女性主義運動的一部神采飛揚的宣言。她的另一部發表於 1938 年的反戰著述《三枚金幣》因為包含了豐富的女性主義思想，也激起了人們熱烈的爭論。

　　目前，世界各國學者都在研究維吉尼亞・吳爾芙給人類留下的寶貴文化遺跡。在美國、日本、英國等都設有維吉尼亞・吳爾芙的研究

組織，定期地舉行關於維吉尼亞‧吳爾芙的學
術研討會。二十世紀八〇年代後，維吉尼亞‧
吳爾芙的作品逐漸在中國大陸翻譯出版，受到
了廣大文學愛好者和研究者的歡迎。近年來，
中國學術界也越來越重視維吉尼亞‧吳爾芙的
研究。

　　維吉尼亞‧吳爾芙實際是時代造就的一位
不平凡的女性。由於誕生於維多利亞時代晚期
的一個知識份子家庭，她對父輩所繼承的傳統
思想文化和價值觀念有著較爲全面的了解。同
時，她親身感受到傳統對人的束縛，漸漸產生
了一種反叛的心理。進入二十世紀後，英國的
政治、經濟和社會結構都發生了巨大的變化，
傳統觀念受到越來越嚴重的挑戰。隨著女性主
義第一次浪潮在英國的高漲，婦女漸漸獲得了
與男子平等的參政權和就業權，維吉尼亞‧吳
爾芙終於如願以償地獲得了生活和創作的自
由，和一批志同道合的有識之士聚成布魯姆斯
伯里集團，共同探討藝術和人生。

　　在小說創作中，她十分注重刻劃人物豐富

的情感世界和精神面貌，提倡運用意識流寫作
方法，並大膽嘗試，力圖把小說、詩歌、散文
和戲劇揉合在一起，創造一種新的綜合藝術，
以充分反映現代人支離破碎的心靈和生活圖
景。實際上，她在文學上的創造與革新根源於
她對父權制傳統的反叛和對女性主義價值觀念
的推崇。作為一名女性主義作家，她的目光始
終關注著婦女的命運，其作品所包含的女性主
義思想廣泛覆蓋了社會、政治、倫理、美學等
諸多方面，蘊藏著豐富的內容和深刻的教益，
對二十世紀六〇年代以來的西方新女性主義者
有很大的啟迪。

　　本書主要是供廣大青年讀者學習參考，希
望能激起大家對吳爾芙研究的興趣。需要說明
的是，作者為了避免反覆使用維吉尼亞・吳爾
芙的全名所帶來的累贅感，在文中大多數地方
省略了她的姓氏。雖然，傳統上外國婦女都被
冠以夫姓相稱，中國讀者基本上也習慣於簡稱
維吉尼亞・吳爾芙為「吳爾芙」或「吳爾
夫」、「伍爾芙」，但是，作者以為，根據她的

女性主義思想，根據當今女性主義運動的發展，直呼其名應該比使用夫姓更恰當。

　　作者在寫作過程中得到了許多師長的指導和點撥，在此謹致以衷心的感謝！

　　　　　　　　　　　　吳慶宏

目 錄

第一篇

生活

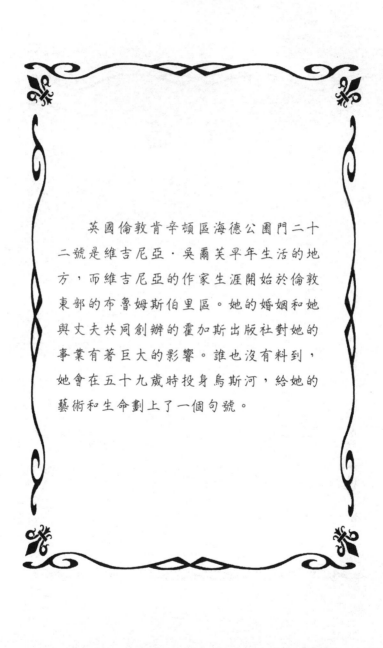

　　英國倫敦肯辛頓區海德公園門二十二號是維吉尼亞‧吳爾芙早年生活的地方，而維吉尼亞的作家生涯開始於倫敦東部的布魯姆斯伯里區。她的婚姻和她與丈夫共同創辦的霍加斯出版社對她的事業有著巨大的影響。誰也沒有料到，她會在五十九歲時投身烏斯河，給她的藝術和生命劃上了一個句號。

第一章
海德公園門

　　1882年1月25日在英國倫敦肯辛頓區海德公園門二十二號出生了一名女嬰，取名艾德琳・維吉尼亞・史蒂芬（Adeline Virginia Stephen）。這個孩子長大後，成為英國政論家雷納德・吳爾芙（Leonard Woolf）的夫人，稱維吉尼亞・吳爾芙，是二十世紀英國最著名的女作家和思想家之一。

　　維吉尼亞出身名門，是萊斯利・史蒂芬爵士（Sir Leslie Stephen）和茱莉亞・達克沃斯（Julia Duckworth）的第二個女兒。父母雙方祖上都有許多人名聲顯赫，親戚中出了不少教育家、醫生、大學教授、社會活動家、藝術家和作家，幾乎所有的家族成員都有很高的文化修養，他們人際交往頻繁，喜歡遊覽，擅長語言表達，熱衷寫作，在十九世紀末期的英國具有一定的影響。

　　維吉尼亞的父親萊斯利・史蒂芬是英國十九世紀中期著名的作家和編輯，畢業於英國著名的貴族學校伊登公學，曾做過牧師，三十歲時成為劍橋大學教師，後來因為公開堅持自己

的不可知論哲學觀而脫離教會和劍橋大學，成
為一個報刊撰稿人、編輯和文學評論家。他在
擔任《康希爾雜誌》主編期間，曾慧眼支援過
哈代（Thomas Hardy）、斯蒂文森、亨利‧詹
姆斯（Henry James）等作家的創作。由於主
編了《國家名人傳記大辭典》（*Dictionary of
National Biography*）的前二十六卷，他被英國
政府授予爵士稱號。史蒂芬爵士先後寫過二十
一本文學批評、歷史、哲學方面的著作，其中
《十八世紀英國思想史》、《科學與倫理》和
「英國文學家」叢書中的若干專著均發生過相
當影響。他的原配夫人是英國小說大師薩克雷
（Thackerary）的女兒哈麗特‧瑪莉安‧薩克雷
（Harriet Marian Thackerary），但她於1875年病
逝，僅留下一個患有精神疾病的女兒勞拉
（Laura）。1878年，史蒂芬續娶了溫柔善良的
寡婦茱莉亞‧達克沃斯，生下女兒凡妮莎
（Vanessa）、維吉尼亞和兒子索比（Thoby）、
艾德里安（Adrian）。

　　史蒂芬爵士性格開朗，交遊甚廣，經常在

家裡招待文化界的名流，或者邀請他們到康沃爾郡的海濱別墅去避暑。每逢週末，他家總是高朋滿座。客人中有大文豪托馬斯‧哈代、亨利‧詹姆斯、文藝批評家約翰‧羅斯金、哲學家赫伯特‧斯賓塞、歷史學家弗雷德里克‧梅特蘭等等，美國作家、評論家、駐英公使詹姆斯‧羅素‧羅威爾（James Russell Lowell）還成了維吉尼亞的教父。維吉尼亞從小就生活在這樣濃厚的文化氛圍中，耳濡目染，自然得益匪淺，以至於後來也卓然成家。

兒時的維吉尼亞和父親最爲親近，十分仰慕父親那深厚的文學素養。史蒂芬爵士對英國詩人彌爾頓（John Milton）、華滋華斯（William Wordsworth）、濟慈（John Keats）、丁尼生（Alfred Tennyson）等的許多傑作嫻熟於心，常常爲孩子們朗誦。維吉尼亞後來回憶道：

　　當他靠在椅子上，雙眼微閉，娓娓朗誦出那些美麗的詩句時，我們感到他所說出的

不僅是丁尼生或華滋華斯的詞句，而且是
他自己所感所知的東西。在我看來，英國
偉大的詩人的眾多詩作都因此與父親難分
難解；我從中聽到的不僅是他的聲音，而
且是他的某種教誨和信念。❶

　　父親也很疼愛維吉尼亞。維吉尼亞出生
時，萊斯利‧史蒂芬已經五十多歲，他很喜歡
逗弄小維吉尼亞，在維吉尼亞不到兩歲時，就
讓她坐在自己膝上看書上的插圖。他覺得維吉
尼亞很像自己，將來有一天會眞的成爲一個作
家。於是，他後來親自指導維吉尼亞讀書，激
勵她對文學的興趣，培養她的鑑賞品味，並樂
此不疲。他對維吉尼亞的教誨，一是讀自己喜
歡讀的書，絕不要假裝讚賞自己並不讚賞的東
西；二是用盡可能少的語言，盡可能清晰而準
確地寫出自己的意思。他爲維吉尼亞打開了他
那藏書豐富的圖書室，讓維吉尼亞讀柏拉圖、
埃斯庫羅斯、索福克勒斯、普魯塔克、史賓諾
莎和休謨等的著作以及莎士比亞以降的文學作

品。從此，書籍成了維吉尼亞生命的一部分，她如饑似渴地閱讀著、思考著。

　　維吉尼亞的母親茱莉亞是維多利亞時代難得的一位美麗賢淑、聰穎多才的女子。她作為大家閨秀，少年時代曾流連於其姨母薩拉（Sarah）舉辦的知識階層的社交沙龍，周旋於包括桂冠詩人丁尼生、作家薩克雷、畫家瓦茨、政治家狄斯雷利和格拉斯頓等等的社會名流中。她具有當時大多數婦女所沒有的較高的文化水準和藝術鑑賞力，對文學懷有濃厚的興趣，特別喜愛司各特（Sir Walter Scott）的小說。1867年，她與律師赫伯特·達克沃斯結婚，但三年後丈夫去世，撇下了年僅二十四歲的她帶著不足三歲的兒子喬治（George）、一歲的女兒斯特拉（Stella）和遺腹子傑拉爾德（Gerald）。由於和史蒂芬爵士的前妻是朋友，她在萊斯利·史蒂芬喪妻後，常去安慰他，最終他們結成了連理。婚後，她擔當起照料一家十幾口的重任，同時還堅持參加社會服務事業，繼續承擔看護病人的工作，顯示出非凡的

毅力和才能。作為母親，茱莉亞在孩子們身上
傾注了無限的關愛。她親自給孩子們傳授一些
基礎的知識，是孩子們名副其實的啓蒙老師。
她在維吉尼亞的記憶中留下了深刻的印象。維
吉尼亞在《往事雜記》裡首先提到的就是母親
的形象：「黑底上印著紅色和紫色的花──那
是母親的衣裙，她好像坐在火車或馬車上，我
就在她膝上。」❷

　　維吉尼亞從父親那裡繼承了敏銳的智力、
能言善辯和喜愛交遊的性格，從母親那裡繼承
了秀美的容貌和一個充滿幻想的情感世界。在
父母的引領下，她很小就迷上了寫作的藝術。
大約在五歲時，她每天夜裡都要給父親講一個
故事。後來，她又在育兒室裡同姐姐凡妮莎一
起每晚共同創作一個連續故事──那是關於隔
壁鄰居狄爾克一家的傳奇，例如有一次他們在
地板下發現了金子的故事。1891年，維吉尼亞
九歲，史蒂芬家的孩子們辦了一份家庭週報
《海德公園門新聞》（*Hyde Park Gate News*），
刊登故事和家庭新聞，維吉尼亞成為主要的撰

稿人，想當畫家的姐姐凡妮莎負責畫插圖，她
們使這份手抄的報紙持續了四年之久。從現存
的維吉尼亞十歲時發表在這份家庭刊物上的小
說〈一個倫敦老太婆的耕種經歷〉來看，她那
時已顯示出相當的敘事水平，構思巧妙，辭彙
也很豐富。

　　維吉尼亞迅速地成長起來，日漸成熟。作
爲一名女性，她透過觀察自己家庭成員的關
係，透過分析父母對兒子和女兒的不同教育態
度和要求，敏銳地意識到英國維多利亞時代婦
女的地位多麼卑微，女性所受的社會束縛多麼
嚴重。

　　維多利亞時代，英國中產階級男性普遍在
表面上尊重、體貼女性，而在實際上蔑視、虐
待女性，他們潛意識裡充滿對女性的統治和奴
役思想。在家庭中，男性家長主宰著一切，擁
有不容質疑的權力，可以毫不費力地把事物強
加給妻子兒女。維吉尼亞的父親儘管具有極高
的文化教養和正直善良的品德，卻仍然無法擺
脫那個時代男性對女性的普遍觀念。他對女性

的崇敬也只不過停留在理論上，生活中的他總
是很苛刻地對待照顧他的女性，嚴厲地要求她
們遵從他的意願，全身心地為他服務，徹底屈
從於他的恩威，即使對於比他年輕十五歲、令
他十分鍾愛、甚至有點崇拜的妻子茱莉亞，也
不例外。茱莉亞其實不過是他的高級奴僕，必
須隨叫隨到，隨時安慰他、照顧他，為他安排
好一切生活。維吉尼亞在《往事雜記》（1939-
1940）裡說到，父親在家庭中享有一種與眾不
同的特權地位，既像神明一樣至高無上，又像
孩子似的「總是需要有女人同情他、奉承他、
撫慰他」。❸他總是在家裡發號施令，作威作
福。一方面，他蔑視家庭中的女性，認為她們
都幼稚無知，必須嚴格訓誡；另一方面，他又
對她們百般依賴，自私任性地要求她們給予自
己精神上的理解支援和生活上的悉心照顧，一
刻不停地向她們索求關愛、憐憫、讚揚、鼓
勵。在女兒的教育問題上，父親也沒有擺脫維
多利亞時代男權主義的偏見。雖然他在理論上
相信婦女教育的重要性，但在實際上，他還是

基本遵循那個時代的習俗和慣例，在兒子身上
傾注了更多的金錢和關注，幾乎把全部家庭資
金都用來給男孩提供「良好」的學校教育，讓
他們進劍橋大學讀書，而把女兒留在家裡接受
自己和一些廉價的家庭教師的指導。

　　維吉尼亞的母親茱莉亞是當時所謂的「最
完美的女性」，標準的「房間裡的天使」，純粹
是將女性束縛於家庭中的維多利亞時代男權制
度的產物，屬於典型的臣服於丈夫／父親之下
的妻子／母親形象。維吉尼亞後來在《婦女的
職業》裡對母親這樣的「房間裡的天使」進行
了嘲諷：

　　　我將盡可能簡短地把她描述一下。她具有
　　強烈的同情心和巨大的魅力、徹底的無
　　私。她無比擅長於操持家庭生活的那種困
　　難的藝術。她每天都在犧牲自己。如果餐
　　桌上有一隻雞，她就拿雞腳；如果吹著穿
　　堂風，她就坐在風裡──總而言之，她生
　　來就是這樣，絕沒有屬於她自己的什麼意

見或者願望，而總是寧願贊同別人的意見
和願望。最要緊的是──我其實無須多說
──她很純潔。她的純潔被視為她首要的
美──她的羞怯、她的極其優雅的風度。
在那些日子裡──維多利亞女王時代的末
期──每一幢房子裡都有它的天使。❹

在維吉尼亞看來，一方面，母親堪稱賢妻良母
和仁厚的慈善家。她管理著相當繁重的家庭經
濟事務，默默地把自己奉獻給了丈夫和兒女，
並積極加入到慈善服務的行列，以其善良無私
的美德和自我犧牲的精神，博得了人們的讚
譽；另一方面，母親並不是一個完整的人，她
身上有一個重要的缺陷，那就是她幾乎徹底喪
失了自我。

　　母親在女兒的教育問題上，態度極端保
守。父親至少贊同讓女兒在家接受比較良好的
教育，而母親則不然，她甚至認為──「服
務，就是婦女最高天性的完全實現」。❺因為
她自己很小就被教導去遵從男性，為他們服

務：在社交場上給他們倒茶；給他們遞草莓和奶油；陪他們跳舞；虔誠而崇敬地聆聽他們的智慧；接受他們的看法。在男性中心的社會規範影響下，母親對當時方興未艾的婦女爭取自身權利的社會運動也缺乏理解，以致抱著一種對立的態度，在沃德夫人（Mrs. Humphry Ward，1851-1920，英國女小說家）的反對婦女選舉權請願書上簽了名。母親堅持按照維多利亞時代淑女的標準來培養女兒，要求她們嚴守當時的禮儀規範，以端莊嫻淑的形象出現在客廳裡，給父親和客人們上茶。每逢晚上有重要賓客光臨，女兒們就必須身著手臂和脖子都裸露在外面的那種晚裝，盡顯女性的魅力，不管天氣多麼寒冷。在學者名流們侃侃而談時，她們還必須留心扮演好分配給自己的角色，保證做到舉止優雅、言談得體，既表現出教養不俗，又顯得謙卑恭敬。

　　母親對維吉尼亞同母異父的姐姐斯特拉和哥哥喬治與傑拉爾德的態度十分懸殊。維吉尼亞在《往事雜記》中寫道：

　　她把所有的愛都給了長得很像其父的喬
治；把所有的照顧都給了嬌弱的遺腹子傑
拉爾德；她對斯特拉則很嚴厲，以致我父
親在和她結婚前斗膽提出了抗議。她承認
自己可能確實是這樣；她之所以對斯特拉
嚴厲是因為她覺得斯特拉「是自己的一部
分」。在我的印象中，斯特拉是個蒼白而
沈默的孩子。她敏感，謙恭，從不抱怨，
對母親很崇拜，總想盡力幫助母親。她沒
有任何志向和抱負，或者說甚至沒有她自
己的性格。❻

儘管斯特拉的稟賦其實也很高，好像能出色地
演奏小提琴，但是，她被塑造成了母親的複製
品，在家務中漸漸消磨掉了自己的才華。而斯
特拉的兩個親弟弟則得到母親的精心培養，上
了大學，最後，喬治供職於英國財政部，給奧
斯汀‧張伯倫做了私人秘書，並受封為爵士；
傑拉爾德成了著名的出版家。

　　顯然，維吉尼亞父母所代表的維多利亞婦

女觀激發了維吉尼亞的反抗意識，促使她漸漸萌發了女性主義思想。不僅如此，她早年的性屈辱體驗也進一步推動了她對女權的思索，喚起了她的革命鬥志。

　　由於父母的疏忽，維吉尼亞在僅僅六歲的時候，就受到了異父兄長傑拉爾德的猥褻。維吉尼亞把這一恥辱深深埋藏了許多年，直到1939年寫《往事雜記》時才披露：

　　客廳門外掛著一塊用來放食具的厚板，在我還很年幼時，一次，傑拉爾德把我抱起來放在上面。我坐在板子上時，他便開始摸我的身體。我記得他把手伸進我衣服裡的感覺，既緩慢又堅定，漸漸往下移。我記得當時多麼希望他能停下來；當他的手伸向我的私處時，我變得多麼僵硬，不停地扭動。可是他並沒有停止，他的手還是探摸著我的私處。我記得自己多麼忿恨、厭惡這種做法──該用什麼詞來形容這無聲而又複雜的感情呢？它應該是強有力

的，因為對此我依然記憶猶新。它似乎表
明那是一種發自身體某些部位的感情；它
們多麼不應該被觸摸；讓它們被觸摸是多
麼錯誤；它應該是出自本能的。❼

事實上，學者羅傑·普爾後來在《不爲人知的
維吉尼亞·吳爾芙》一書中證實，維吉尼亞確
實像她暗示的那樣，曾經先後多次受到傑拉爾
德和喬治的性侵犯，在幼小的心靈上留下了嚴
重的創傷。

　　1895年5月5日，維吉尼亞又經歷了另一場
巨大的災難，年僅四十八歲的母親因過度操勞
而患病去世，維吉尼亞時年十三歲。天性敏感
的維吉尼亞感到：

　　那就像在某個春光燦爛的日子裡，飛奔的
　　雲朵突然停止不動，越來越黑暗而密集；
　　風也減弱下來，地上所有的動物都在呻吟
　　或遊蕩，漫無目的地尋覓著……❽

她承受了沈重的精神打擊，而父親的極度悲痛

更強烈地刺激了她，使她終於精神崩潰，第一次出現了精神失常。當時她主要表現為：脈搏狂跳，面色潮紅，情緒亢奮，神經緊張，害怕見人，還產生了可怕的幻聽。

維吉尼亞的精神疾病據說與她的家族遺傳因素有關。維吉尼亞的母親受自己先輩的遺傳，性格就比較抑鬱。維吉尼亞的父系家族則存在著神經不穩定的血緣氣質。祖父有些神經過敏；一位很優秀的堂兄後來瘋了；異母姐姐勞拉的神經分裂雖然有其外祖母的遺傳，也不能排除父系遺傳的影響；甚至父親的心理也很不穩定，情緒波動極大。父親在五十歲時曾有過幾次近乎「精神崩潰」的經歷，遇到不順心的事，父親不是勃然大怒，就是自怨自艾。

維吉尼亞的母親去世後，父親的心理越來越反常。他不顧失去母親的孩子們，一味自悲自憐。長期以來，由於他在事業上自我期望很高，不免常常沈湎於自己的失敗。過去他一直依賴妻子不斷給予他同情和讚美來自我安慰，現在失去了妻子，失去了精神上的依靠，他變

得越來越自我中心，脾氣壞得出奇，動不動就
暴跳如雷。維吉尼亞的姐姐斯特拉不得不接替
母親，儘量在各方面無微不至地照顧他，服從
他，馴順地用讚美來安撫他。

　　實際上，二十八歲的姐姐斯特拉承擔了母
親遺留的所有重任：安慰和侍候父親、照管有
精神障礙的勞拉、料理弟妹們的生活、探訪濟
貧院。她給予了維吉尼亞母親般的呵護，多次
帶維吉尼亞去看家庭醫生塞頓。而斯特拉的身
體並不好，自幼就患有風濕病，母親去世後又
復發過。她曾有不少追求者，包括維吉尼亞那
位後來發瘋的堂兄。1897年4月，斯特拉嫁給
了她不懈的追求者傑克・希爾斯（Jack
Hills）。維吉尼亞為此很不高興，罵傑克是
「差勁的年輕男人」。當斯特拉外出度蜜月時，
維吉尼亞氣得把自己的傘撕成了兩半。這種惱
怒和反感主要源於她對斯特拉情感上的依戀。

　　1897年夏季，婚後不久的斯特拉健康狀況
惡化，維吉尼亞受此影響，精神障礙也日益嚴
重。醫生一直建議讓維吉尼亞多到戶外活動，

停止上課。事實上，維吉尼亞也已經一連兩年
停止了記日記和寫其他任何東西，幾乎失去了
寫作的欲望。這樣，斯特拉就經常和維吉尼亞
待在一起，相互關照。斯特拉能走動的時候，
每天下午都要陪維吉尼亞到海德公園散心。後
來，斯特拉病重臥床，維吉尼亞就守著她聊
天，夜裡也住在斯特拉家。當維吉尼亞發病而
煩躁不安時，斯特拉輕輕撫摸著維吉尼亞，寬
慰她到深夜，直到維吉尼亞的煩躁感消失。但
是，7月19日，斯特拉永遠離開了維吉尼亞。

　　兩年內，維吉尼亞接連失去了兩位親人，
斯特拉的死使她受到了更為嚴重的打擊。維吉
尼亞根本不能接受這殘酷的事實，她拒絕承認
這是可能發生的事情，再一次精神崩潰，跳出
窗外，企圖自殺（註：雷納德一直以為此事發
生在維吉尼亞喪父之後）。好在是一樓的窗
子，沒有釀成悲劇。

　　斯特拉去世後，父親的情緒也越發糟糕，
反覆無常。時而在樓上怒髮衝冠，稱自己被遺
棄了，沒有人關心；時而又興高采烈，談笑風

生地在樓下和客人調侃，弄得孩子們常常不知
所措。他現在開始把目光投向凡妮莎和維吉尼
亞，希望從她們那裡尋求精神依託，想讓她們
爲自己撐起一片天。

　　維吉尼亞永遠都記得，那時自己最害怕過
星期三。因爲每週三當凡妮莎向父親出示一週
帳本時，假如花費超出了十一英鎊，「他的拳
頭就會捶在帳本上。他就會大發雷霆。他的血
管就會暴脹起來。他就會變得滿臉通紅。接著
他就會大叫大嚷：『我被毀了！』『你們對我
毫無憐憫嗎？』等等。然後就捶打自己的胸膛
……凡妮莎完全麻木地站在他的身旁……我從
來沒有感到如此的暴怒和如此的挫傷失意。」
❾父親對維吉尼亞姐妹發火的根本原因在於她
們是女人，女人是男人的奴隸，他盡可以拿她
們做出氣筒。如果帳本由哥哥索比或喬治呈
上，情況則完全不同。維吉尼亞因此對父親充
滿了怨恨。面對這樣一個暴虐、苛刻、自我中
心的父親，可憐的維吉尼亞那脆弱的神經承受
了多大的壓力！

　　這時，姐夫傑克‧希爾斯又來騷擾維吉尼亞姐妹。有資料表明，在姐姐斯特拉去世後，他曾短暫地追求過凡妮莎，也曾玩弄過維吉尼亞的感情。維吉尼亞回憶在斯特拉去世後一個月，他們到斯特勞德附近的佩因斯維克度假：

> 他把我的手抓在他手裡。他呻吟起來。他呻吟著説，「它把人撕裂開來了」。他精神很痛苦。他抓住我的手，這樣才能使他的痛苦可以忍受；彷彿他處於生理痛苦的折磨之下似的。「不過妳是不能理解的，」他突然中斷説。「能，我能理解，」我喃喃地説。在潛意識裡，我知道他的意思是指他的性要求把他撕裂了，還有他因她的去世而感受到的痛苦。❿

　　1902年，父親被診斷患上了胃癌，手術後臥病在床，每下愈況，對孩子們更爲苛求，凡妮莎已無法忍受，乾脆置之不理。維吉尼亞於心不忍，默默承擔了一切，侍奉在父親床前，聽他發脾氣，痛苦呻吟。

　　誰能想到，維吉尼亞的異父長兄喬治會在此時向維吉尼亞伸出了惡毒的手。他竟利用自己現在成了事實上的家長之機，欺辱因父親重病纏身而失去最後一道保護線的維吉尼亞，把孤苦無助的維吉尼亞推向深淵。他表面上一副關心維吉尼亞的樣子，外人都以爲他是一位慈愛寬厚的兄長，其實他只不過想騙取維吉尼亞的信任，消除她對自己的防範心理，圖謀不軌。維吉尼亞備受摧殘，礙於維多利亞時期英國的道德習俗，敢怒而不敢言，直到1920年3月，她才首次在回憶錄《海德公園門二十二號》中，做了披露：「睡意差不多要降臨在我身上。房間裡一片漆黑。屋子靜悄悄的。接著，房門被小心翼翼地打開了，有人走進來。『誰呀？』我叫道。『不要害怕，』喬治悄聲說。『也不要開燈，啊，親愛的。親愛的──』然後他撲到我的床上，用胳膊抱住我。」⓫喬治爲了掩蓋眞相，一再狡辯，他曾經向維吉尼亞的精神病醫生薩維奇解釋說，他是因爲想安慰父親在病中的維吉尼亞才在夜晚進入她的臥室

的。而他對維吉尼亞的侵擾又何只這一次，他甚至在維吉尼亞上希臘文課時走進去撫弄她，連維吉尼亞的老師珍妮特‧凱斯（Janet Case）都知道他是「一頭豬」。

　　1902年2月22日，七十二歲的史蒂芬爵士終於與世長辭，維吉尼亞再一次飽嚐死亡帶來的痛苦，再也克制不住喬治對她的身心刺激，第三次陷入精神崩潰，同時還得了猩紅熱。她彷彿又聽到鳥兒在對她講希臘語，有男人朝她嚷叫猥褻的話。她開始拒絕進食，行為狂暴，需要三個人才看護得住她。

　　當時，斯特拉生前的好友維奧萊特‧迪金森（Violet Dickinson）給予了維吉尼亞無微不至的關懷，她把維吉尼亞帶回家精心照料了三個月，維吉尼亞才慢慢好轉。從此，維吉尼亞和比自己年長十八歲的維奧萊特結下了更深厚的情誼。接著，維吉尼亞的姑媽卡羅琳‧愛米麗亞‧史蒂芬又把維吉尼亞接到自己的寓所休養。卡羅琳不為習俗所囿，終生未婚。她和勞拉的親姨媽、長期照顧過史蒂芬家的孩子們的

安妮‧伊莎貝拉‧薩克雷一樣，是個女性主義
者，還寫過一些著作。維吉尼亞在和她的接觸
中，漸漸受到了她的影響。姑媽也很偏愛她，
後來把全部遺產都贈給了她。

　　經過一段時間的療養，維吉尼亞的病情穩
定了許多，但還時有反覆。父親死後，虛榮傲
慢、一心想往上爬的喬治，以一種不可抗拒的
權威力量，逼迫妹妹們遵循上層社會的標準，
沿襲維多利亞時代的習俗，把婚姻作為女人的
唯一出路。他頻頻用馬車把她們送入倫敦上流
區的社交場合，帶她們相親，像推銷貨物一樣
把她們推向婚姻市場，指望她們能攀進貴族豪
門，讓他也沾上光。每當維吉尼亞穿著晚禮服
下樓時，他總要審視一番，一不滿意就會用粗
魯的語氣怒氣沖沖地斥責她，讓她「去把它
（衣服）撕了」。⓬可憐的維吉尼亞在晚會上並
不熟悉周圍的人，常常只能面壁無語。即使有
男士與她交談，她也不能暢所欲言。因為維多
利亞淑女應該只是「沈默」的聽眾。這樣的晚
會對維吉尼亞無疑是一種折磨。她把這段難熬

的時光視爲一生中最黑暗的日子。1904年8月，凡妮莎帶領弟妹們從海德公園門遷往倫敦東部的布魯姆斯伯里，維吉尼亞終於獲得自由的新生。

註釋

❶伍厚愷、王曉路譯，〈萊斯利‧史蒂芬爵士印象〉，
《伍爾芙隨筆》，成都：四川人民出版社，1998，頁
149。

❷Jeanne Schulkind ed., *Virginia Woolf: Moments of Being*
(Unpublished Autobiographical Writings) (New York and
London: Harcourt Brace Jovanovich, 1976), p.64.

❸同註❷，p.125。

❹Michele Barrett ed., *Virginia Woolf: Women and Writing*
(New York and London: Harcourt Brace Jovanovich,
1980), p.59.

❺轉引自John Mepham, *Virginia Woolf: A Literary Life*
(Macmillan Press Ltd., 1991), p.6.

❻同註❷，pp.96-97。

❼同註❷，p.69。

❽同註❷，p.40。

❾同註❷，p.124。

❿同註❷，p.121。

⓫同註❷，p.155。

⓬同註❷，p.130。

第二章
布鲁姆斯伯里

　　維吉尼亞姐弟四人在布魯姆斯伯里的新居
位於戈登廣場四十六號，離舊居和達克沃斯兄
弟很遠，靠近大英博物館、倫敦大學和斯萊德
藝術學院，周圍聚居了不少大學生、作家和藝
術家。凡妮莎作出這樣的抉擇是爲了擺脫對父
親的陰鬱的記憶和喬治的壓制，謀求一個自由
和解放的氛圍。

　　此時的英國也已跨進一個嶄新的時代，維
吉尼亞父母的時代已隨著1901年維多利亞女王
的逝世而一去不復返。英國步入了工業化社
會，資本主義迅速發展，傳統的家庭和階級結
構正在崩潰，各種傳統觀念面臨挑戰，社會政
治、經濟和文化不斷向著民主、自由的方向發
展。

　　1905年，新世紀風華正茂的維吉尼亞外出
養病歸來，住進了新居，感到萬分喜悅，她滿
懷對未來的美好憧憬，開始了獨立的新生活。
爲了打破過去所有的慣例，她和姐姐凡妮莎用
白色和綠色的印花布裝飾房間，替代了維多利
亞時代流行的紅色長毛絨掛毯和圖案繁複的莫

里斯式牆紙；大廳上不僅掛上了父母的畫像和照片，還在其對面掛上了達爾文、丁尼生、勃朗寧（Robert Browning）和梅瑞狄斯（George Meredith）的肖像；晚餐後不喝茶，改喝咖啡；最重要的是，她們的生活重心完全轉向了文學和藝術創造。維吉尼亞有自己獨立的書房，凡妮莎有自己專用的畫室。每天上午維吉尼亞去書房寫作，凡妮莎去畫室作畫。下午她們常常去牛津街逛舊書店或商店。日子過得自由自在。

　　在布魯姆斯伯里，維吉尼亞正式步入了寫作生涯。自從1904年12月14日她在《衛報》上發表了第一篇小說評論後，她不斷地努力，筆不綴耕。1905年至1906年接連在《衛報》上發表了三十篇定期書評，並成為《文學與書院》、《發言者》和她父親從前主編過的《康希爾評論》的撰稿人，連素質極高的《泰晤士文學增刊》也不斷登載她的文章，持續達三十三年之久。據統計，1905年維吉尼亞共發表三十五篇文章，1906年二十三篇，1907年三十五

篇，1908年二十九篇，平均每年超過三十篇。
與此同時，維吉尼亞也開始了小說創作，她已
經在醞釀她的第一篇長篇小說《出航》（*The Voyage Out*）。此外，維吉尼亞還參加了婦女
教育方面的社會活動，到莫利學院在滑鐵盧路
為職業婦女開設的一個夜校裡做教師，開設關
於書籍和繪畫的講座，並講授英國歷史和寫
作。

　　此時，在劍橋大學的三一學院讀書的哥哥
索比，又把劍橋活潑自由的學術氣氛帶到了家
中。索比曾經和同窗好友克萊夫‧貝爾
（Clive Bell）、利頓‧斯特雷奇（Lytton Strachey）、雷納德‧吳爾芙等一起，參加了校
園裡的一個名為「子夜社」的讀書俱樂部，共
同探討各種學術問題，交流讀書心得，還帶上
了也在劍橋讀書的弟弟艾德里安。1905年3
月，索比開始在每週的星期四晚上，邀請一群
「子夜社」的學友到戈登廣場四十六號的寓所
聚會，一邊喝咖啡，一邊海闊天空地談論各種
有趣的學術話題。凡妮莎和維吉尼亞最初和這

些大學生在一起時，不免有些羞怯，後來漸漸被他們的談話所吸引，也積極參加了討論。她們雖然沒有接受過正規的大學教育，但是家學淵源，讀過的書也不少。維吉尼亞曾經在倫敦帝王學院專修過歷史和語言學課程，在家庭教師的指導下，學習過拉丁文和希臘文，了解希臘、羅馬的古典文學，並得到過父親的點撥，頗有才氣。姐姐凡妮莎也很有繪畫天分。姐妹倆無拘無束、興味十足地和那些大學生談她們所愛好的藝術，任思想自由自在地遨遊，甚至覺得「星期四晚會」意猶未盡，一年後又組織了「星期五俱樂部」。從此，布魯姆斯伯里薈萃了劍橋大學一批才華橫溢、具有自由思想的青年知識份子，後來他們大都成長為英國歷史上的著名人物，最初由他們組成的讀書會擴展起來的文化學術團體「布魯姆斯伯里集團」（Bloomsbury Group）也因此名聲烜赫。

　　不幸的是1906年索比死了。在一次四兄妹和維奧萊特‧迪金森一起去他們嚮往的希臘旅遊之後，索比因為在旅行中染上傷寒，一病不

起。維吉尼亞失去了自己最喜愛的哥哥，無疑
又受到了可怕的一擊，永遠無法抹平心中的傷
痛。

　　索比的離去使「星期四晚會」一度中斷。
1907年，凡妮莎和克萊夫‧貝爾結婚，維吉尼
亞和弟弟艾德里安搬到附近的菲茨羅伊廣場二
十九號，恢復了星期四晚會。容貌美麗、舉止
優雅、談吐不俗的維吉尼亞現在成了晚會的中
心。後來有評論家說，她是布魯姆斯伯里集團
的公主和王后，一點也不誇張。青年作家雷
蒙‧莫蒂默（Raymond Mortimer）曾稱讚道：
「她的談話充滿了魅力，真是沁人心脾，令人
拍案叫絕。」❶維吉尼亞的寓所因此更加吸引
當時的文人墨客，每週從星期四和星期五的晚
上十點左右開始，客人們絡繹不絕地登門，通
宵夜談，難得在凌晨二、三點鐘之前離去。隨
著布魯姆斯伯里集團成員的逐漸增加，影響不
斷擴大，幾乎囊括了當時英國知識界上層最重
要的有創造性的思想家、藝術家、作家和學
者，其中核心成員包括維吉尼亞，維吉尼亞的

姐夫、畫家兼藝術批評家的克萊夫・貝爾，維吉尼亞的丈夫、政論家雷納德，史學家利頓・斯特雷奇，經濟學家凱因斯（John Maynard Keynes），小說家福斯特（E. M. Forster），文學評論家德斯蒙德・麥卡錫（Desmond MacCarthy）和薩克森・錫德尼—特納（S. Sydney-Turner），畫家鄧肯・格蘭特（Duncan Grant），藝術批評家羅傑・弗萊（Roger Fry）。哲學家羅素（Bertrand Russell）和G. E. 摩爾（G. E. Moore）、詩人艾略特（T. S. Eliot）、小說家亨利・詹姆斯和凱薩琳・曼斯菲爾德（Katherine Mansfield）等也和布魯姆斯伯里集團過從甚密。

其實布魯姆斯伯里集團並不是什麼有組織的社團，既沒有繁瑣的入會程序，也沒有明確的組織原則或組織綱領，僅僅是一個出於共同志趣而自願結合在一起的鬆散的群體。它的成員推崇的正是他們的尊師G. E. 摩爾在《倫理學原理》（*Principia Ethica*）上所說的：

愛好真和美，具備寬容而又誠實的精神，
對無聊的事物深惡痛絕，有幽默感而又有
禮節，好奇，厭惡平庸、粗暴和虛榮，不
迷信，不假裝正經，毫不畏懼地接受生活
中美好的東西，暢所欲言，關心藝術教
育，蔑視功利主義和愚昧無知，總之，要
熱愛甘美和光明的東西。」❷

他們在政治上傾向於自由民主，反對帝國主
義；在宗教上持無神論觀點；在思想文化上懷
疑傳統，反對維多利亞時代的價值觀念，力圖
開創新的道路。他們摒棄了維多利亞時代刻板
的生活方式，轉而追求隨意舒適、不拘小節的
自然生活。在茶會上，他們從不拘於禮節，各
人按自己習慣的姿勢躺在椅子裡，隨意發表自
己對英國的哲學、德國的心理學、俄國的小說
和芭蕾舞、法國的繪畫的看法，想到哪裡就談
到哪裡，既熱烈爭辯嚴肅而抽象的問題，也隨
興之所至閒聊，甚至不迴避維多利亞時代諱莫
如深的性問題。凡妮莎在羅傑‧弗萊加入他們

的小圈子時告訴他說：「你可以討論我心靈最
深處或身體最深處的品質而不會使我臉紅，而
且維吉尼亞也同樣能當著任何人的面說任何事
物。」❸據說一次利頓看見凡妮莎的白衣服上
有個斑點，竟然問：「是精液嗎？」又如，
1911年秋，菲茨羅伊廣場二十九號的租約到
期，維吉尼亞同艾德里安又遷到仍然離戈登廣
場不遠的布倫斯維克廣場三十八號。不久，鄧
肯‧格蘭特、凱因斯和雷納德先後搬了進來，
喬治‧達克沃斯對此竭力反對，認為維吉尼亞
和單身男子同租一樓不合體統，維吉尼亞卻不
以為然。布魯姆斯伯里集團的成員就是要挑戰
傳統。

　　布魯姆斯伯里集團的文人雅士甚至膽大到
捉弄威風凜凜的英國海軍，戲謔不可一世的英
帝國權力體制。1910年2月10日，維吉尼亞、
艾德里安和其他幾個人經過仔細策劃，用戲劇
油彩把臉抹黑，化裝成阿比西尼亞
（Abyssinia，衣索匹亞的舊名）的王子和隨
從，得意洋洋地登上了當時英國皇家海軍最大

的一條新式巡洋艦「無畏號」上，結果皇家海
軍信以為真，鳴禮炮列隊歡迎，戰艦指揮官海
軍中校威廉・費希爾（William Fisher）雖然是
維吉尼亞的堂兄卻沒有認出她來。直到六天之
後，報上刊出事實真相，「無畏號」才如夢初
醒，輿論也為之譁然。

　　更重要的是，布魯姆斯伯里集團對英國當
時保守陳舊的文化傳統進行了有力的衝擊。
1910年11月8日到1911年1月15日，羅傑・弗萊
在倫敦格拉夫頓美術館舉辦了第一屆後印象派
畫展，展示了塞尚、梵谷、高更、畢卡索、馬
蒂斯等畫家離經叛道、驚世駭俗的作品，震動
了保守的英國公眾。在一片撻伐聲中，布魯姆
斯伯里集團卻對畫展大加讚賞，引起了公眾的
注意和一些墨守成規的思想家和藝術家的抨
擊。1912年10月到1913年1月弗萊又舉辦了第
二屆後印象派畫展，凡妮莎在畫展上掛出了自
己的畫作，雷納德充當了畫展的秘書，維吉尼
亞則在高更作品的感染下，和姐姐一起模仿高
更畫中的土著人，身穿印花布做的鮮豔服裝，

腿臂塗成棕色，出現在畫展結束時的舞會上。
他們高舉起了革新藝術的旗幟。

　　今天，人們在評論布魯姆斯伯里集團時，
常常會指出它的局限性，諸如他們以社會菁英
自居，在蔑視資產階級社會腐朽庸俗的價值取
向的同時，也多少有些脫離實際，自我欣賞，
自我陶醉，過於沈浸於抽象的精神領域問題的
探討，傾向於「為藝術而藝術」，結果曲高和
寡。但是，布魯姆斯伯里集團確實成為了新世
紀英國進步思想的一個重要發源地。它對維多
利亞時代保守思想的衝擊，對現存社會政治體
制的批判，包括反帝國主義、反殖民主義和男
女平等的觀念對新時代的英國人都產生了不可
磨滅的影響。

　　對於一心獻身文學藝術的維吉尼亞，布魯
姆斯伯里集團已經成為她生活中不可分割的一
部分。她和其中許多人延續了一生的友誼。布
魯姆斯伯里的生活對她而言意味對海德公園門
的反叛，她得到了思想的解放和創作的自由，
掙脫了傳統對女性的偏見，終於開始了文學的

初航。

　　在同布魯姆斯伯里集團成員的交往中，維吉尼亞看到了自身的價值。她不再只是男人們社交活動的調劑品和道具，不用操心晚宴的禮服是否得體或舉止是否合乎規範，不必像維多利亞時代的淑女那樣保持沈默，她的人格和思想都受到了應有的尊重。她可以和朋友們開誠布公地自由交流自己關於任何問題的觀點，而不必有所顧忌。布魯姆斯伯里集團的男性主張破除男權主義的社會偏見，相信女子完全可以同男子一樣，成為思想家、畫家或作家，他們對維吉尼亞的創作理想給予了熱情的鼓勵和真誠的幫助。例如，克萊夫·貝爾第一個對維吉尼亞的作家之夢表示支援，誇獎她的獨立性和獨創精神，認為維吉尼亞確實具有作家的潛在稟賦，使維吉尼亞樹立了作為女性作家的自信心。他還向維吉尼亞推薦了馬拉美、拉克勞和福樓拜等大師的作品，並給了維吉尼亞許多切實的建議。另外，他對維吉尼亞的文稿所進行的認真點評也對維吉尼亞不無裨益。維吉尼亞

因此一直很感激他。

　　布魯姆斯伯里集團新的思想不知不覺地薰
陶了維吉尼亞，特別是它嶄新的藝術觀和美學
觀極大地啓發了維吉尼亞。布魯姆斯伯里集團
的人高度重視藝術，認爲它是人類生活中最重
要的一個方面，精妙的藝術品可以使人的精神
昇華，具有提高文明、改良社會的功能。弗萊
特別強調藝術高於生活，具有一種獨立性、非
功利性、非道德性和超脫性，藝術家應該超脫
現實生活，去表現優美的感情、豐富的想像和
無窮的聯想，表現主體的精神生活才是藝術家
的使命。他十分推崇後印象派畫家，讚賞他們
對生活和藝術形式的積極探索。他認爲，藝術
家的職責是尋找一種方式，來使變化多端、混
亂不堪的客觀現實生活有序化，爲此藝術家必
須表現出自己的審美感情和眞實觀，而不能簡
單地模仿形式或模仿生活。不僅是弗萊，布魯
姆斯伯里集團的成員普遍敵視社會流行的拜金
主義，不願放棄高雅的藝術情趣。他們堅持藝
術的獨立，堅持藝術對美的表徵，堅持藝術的

神秘意味。他們在不斷追尋一種「眞實」，一種審美的、感情的內在眞實，並積極探索一種能夠恰當地表達這種眞實的藝術形式。這些就促使維吉尼亞去尋求一種獨特的小說形式來表現她所觀察、體驗到的世界，她日後在文學理論上的創見很大程度上根植於此。

布魯姆斯伯里集團的聚會硏討也磨礪了維吉尼亞思維的鋒芒，她總是全神貫注地傾聽同伴論證中的每一步乃至每半步的推理，敏捷地與他們展開辯論。在論爭中，她拓寬了思路，開闊了視野，得到了鼓舞，思想日益成熟。

不過，維吉尼亞並沒有完全趨同於布魯姆斯伯里集團璀璨的群星，她仍然保持了自己的獨立性。她憑藉自己的聰明睿智，看出了布魯姆斯伯里集團才子們身上的缺陷。她嘲笑他們的自命不凡，孤傲自賞，嘲笑劍橋的理性主義對他們的片面影響。他們的話語總是直接明瞭，充滿理性和邏輯，就像法官的判詞。而維吉尼亞更傾向於感性的認知方式，她的話語充滿暗示、隱喻和詩意。她要從感覺、情感、直

覺的潛意識深井中吸取源泉，發出不同於那些
男性主流話語的聲音。

　　無論如何，布魯姆斯伯里已經成爲維吉尼
亞生命中不可脫離的生活中心。雖然，1912年
維吉尼亞和雷納德結婚，搬出了布倫斯維克廣
場三十八號，後來布魯姆斯伯里集團的活動也
曾由於第一次世界大戰中斷了一段時期，直到
1920年3月才重新聚合成爲「回憶俱樂部」，但
是，從1924年到1940年間，維吉尼亞夫婦的寓
所塔維斯托克廣場五十二號和梅克倫伯格廣場
三十七號都在布魯姆斯伯里。

註釋

❶轉引自瞿世鏡，《意識流小說家伍爾夫》，上海文藝出
　版社，1989，頁14。

❷同註❶，頁18。

❸轉引自 Lyndall Gordon, *Virginia Woolf: A Writer's Life*
　(Oxford University Press, 1986), p.122.

第三章
婚姻生活和霍加斯出版社

　　才貌雙全的維吉尼亞自然不乏追求者，但是她對於婚姻的態度一直很冷淡，甚至有些害怕結婚。追根究柢有兩方面的原因。其一，她不滿傳統的女性角色和傳統的婚姻生活，不願意重蹈母親的覆轍，做一個「房間裡的天使」。她要擺脫世俗婚姻的瑣屑庸碌。雖然婚姻對她並不是沒有一點吸引力，但是她寫道：「我要說上帝作證，我不會把婚姻當成是一種職業。」❶其二，由於早年受到過傑克和達克沃斯兄弟的性侵犯，維吉尼亞在潛意識裡深深植入了對男性的畏懼與反感，以致對性充滿恐懼和憎惡，對異性間的親密關係產生心理拒斥，轉而傾向於以女性為愛的對象，從同性女友身上尋求感情慰藉。

　　儘管如此，當維吉尼亞看到姐姐凡妮莎婚後既做了畫家又做了母親時，難免有些羨慕。對照自己的孤獨失意，她悲從中來。1911年6月，她在給凡妮莎的信中吐露道：

　　我不能寫作，所有的魔鬼都跑出來了——

披頭散髮，黑森森的。二十九歲了，還沒
有結婚——失敗的人生——沒有孩子——
精神失常，當不成作家……」❷

雖然自己對任何男性都沒有性欲，女人的天性
卻使她仍然嚮往結婚生子，加上社會對適齡未
婚女人的壓力，她感到婚姻或許會使自己獲得
安定的自由，而另一方面，她絕不願放棄自己
的作家夢，為此她猶豫不決。

維吉尼亞曾經在1909年接受過歷史學家利
頓·斯特雷奇的求婚，不僅因為利頓博學而沈
靜，還可能因為利頓具有同性戀傾向而不具男
性的侵犯性。但是利頓後來覺得自己不配維吉
尼亞這樣超凡脫俗的女性，很快解除了婚約。
維吉尼亞並不感到氣惱，她和利頓保持了終生
的友誼。利頓希望維吉尼亞能找到一位十分了
解她、關愛她、和她在思想情趣上志同道合的
伴侶。他透過觀察，發現雷納德比較適合，就
寫信給當時遠在錫蘭的雷納德，建議他向維吉
尼亞求婚。

　　雷納德是猶太人，家境窘困，社會地位低微。他完全靠獎學金唸上了劍橋大學，和維吉尼亞的哥哥索比同窗，得以在維吉尼亞十八歲去劍橋找哥哥時初次目睹維吉尼亞的風采，而維吉尼亞也很早就從哥哥那裡了解到一些雷納德的情況。雷納德大學畢業後選擇了到錫蘭做公務員。1909年他接到利頓的信後，馬上回覆道：「你認爲維吉尼亞會接受我嗎？如果她接受的話，請打電報給我。我將立即乘下一班船回國。」❸然而維吉尼亞沒有表態。1911年雷納德回國度假，與維吉尼亞重逢。維吉尼亞邀請他一起度假、聽音樂會、讀書散步，經過一段時間的親密接觸，兩人發現彼此有許多共同之處。不久，雷納德接受了維吉尼亞的邀請，搬進了維吉尼亞在布倫斯維克廣場三十八號的寓所，彼此交往更深，了解更多。1912年1月，雷納德正式向維吉尼亞求婚，維吉尼亞答應予以考慮。

　　雷納德在寫給維吉尼亞的一封情書中說：

　　我之所以愛妳，並不是——確實並不是
——僅僅因為妳是如此美麗，雖然妳的美
貌必然是而且應該是我愛上妳的一大原
因；我之所以愛上妳，是由於妳的思想和
妳的品格，在這方面我從來不知道有誰可
以與妳相比。這一點妳能相信嗎？現在我
願意絕對地服從妳的任何要求。我並不認
為妳要我走開，但是如果妳要我走，我將
立即離開。但是如果妳並不要我走開，我
看不出有任何理由會使我們不能繼續保持
像以前那樣的友好關係，——我想我是能
夠保持這種友誼的，——而如果妳的確發
現妳是可以愛我的，妳要告訴我。❹

在另一封信中，雷納德又寫道：「我們畢竟都
喜歡對方，我們喜歡同樣的東西和同樣的人
物，我們倆都很有才氣，最重要的還有我們所
共同理解的那種真實……」❺

　　維吉尼亞終於覺得自己找到了理想的愛
人，欣然接受了雷納德的求婚。1912年8月10

日，有情人終成眷屬。在拜訪了雷納德貧寒的
家人後，他們動身到了薩默塞特郡，不久又去
了法國、西班牙和義大利，度完蜜月才回國。
不過，這對新婚夫婦遇到了一個嚴重的問題
——他們無法進行性生活。維吉尼亞早在結婚
前就告訴過雷納德，她對他沒有性的欲望，他
第一次吻她時，她感覺「跟碰到一塊岩石差不
多」。❻雷納德當時沒有因此而退縮，他希望
維吉尼亞婚後能夠有所改變，卻沒有估計到婚
後的性生活眞有可能遭遇失敗。他在蜜月期
間，曾經試圖與維吉尼亞做愛，不料，維吉尼
亞爲此陷入了一種強烈的受刺激狀態，他不得
不作罷。幻想破滅，雷納德不免感到受挫而有
些焦慮不滿。神經敏感的維吉尼亞自然也意識
到自己所擔心的事發生了。她很清楚自己的心
理缺陷，曾經在1930年6月22日寫給埃塞爾·
史密斯的信中坦言：「我在性方面總是膽怯的
⋯⋯我對眞實生活的恐懼總是把我囚禁在一間
女修道院裡。」❼早年異父兄弟對她的越軌行
爲在她心中留下的陰影太深，無可挽回地影響

到她婚後的生活，這使維吉尼亞也很痛苦。

　　蜜月旅行一結束，雷納德就攜妻向凡妮莎請教「山羊[維吉尼亞的綽號]的性冷淡」問題。凡妮莎批評維吉尼亞根本不理解也不同情男人的性激情，令維吉尼亞不快。不久，維吉尼亞出現了精神紊亂的症狀。進入12月，她感到頭疼，經常失眠，情緒日益低落。1913年7月，她陷入嚴重的精神憂鬱症，再次出現幻覺，並拒絕進食。此時，雷納德徹底表現出他那男性的理智，完全從表象看維吉尼亞的疾病，相信醫生的判斷，而對維吉尼亞內心深處的隱痛缺乏了解。他不去追究維吉尼亞所有的怪念頭的來由，而寧願依賴對她的過去和現在一無所知的醫生。維吉尼亞因此感到無法向雷納德訴說自己靈魂的感受，無法就自己的病因與雷納德進行溝通。這時，雷納德又根據醫生的建議，作出了不要孩子的決定，這再次深深刺傷了維吉尼亞。出於人類自然的母性，維吉尼亞曾經非常熱切地盼望自己能孕育出一個新的生命，做一個驕傲的母親。她因此特別喜歡

維奧萊特送給她的結婚禮物——一個舊搖籃，
並在新婚之初很有信心地談論到她的「小傢伙
們」。沒想到結婚不到一年，她就被剝奪了做
母親的權利，這對她無疑是當頭一棒，以至於
十多年後都不能忘懷，在日記中仍然堅持孩子
是不可以由任何其他東西來代替的。在痛苦
中，維吉尼亞絕望了，瘋狂了，就像後來她在
自己的名作《戴洛維夫人》（*Mrs. Dalloway*）
中描寫的塞普蒂默斯那樣。

　　維吉尼亞被送進了特威肯南姆的精神病療
養所，近一個月後才被接回家，卻還表現出自
殺傾向，令雷納德十分害怕。9月9日，雷納德
接連請來了兩位新醫生，上午是莫里斯·賴
特，下午是亨利·赫德，他們都建議把維吉尼
亞送回精神病療養所。傍晚，維吉尼亞伺機服
下了大量安眠藥，陷入昏迷。幸虧雷納德及時
趕回家，迅速把維吉尼亞送到醫院救治，才使
維吉尼亞脫險。在隨後的幾天裡，維吉尼亞又
數次想自殺。後來，她被帶到自己的鄉間居所
阿什漢姆屋靜養了幾個月，在好友珍妮特·凱

斯和凱‧考克斯（Katherine Cox）的看護下，
病情有所緩解。

有一種意見認為，維吉尼亞這次發病與她
1913年2月剛剛完成第一篇長篇小說《出航》
後過於疲勞有關。她總是在創作中殫精竭慮，
完成後又精神緊張地等待批評界的認可，為作
品是否成功而焦慮。何況這第一部小說的出版
又遇到點麻煩。但是，這次發病幾乎是緊接在
蜜月之後，不能說和雷納德無關。

在短暫的恢復之後，維吉尼亞在1915年4
至5月又再次精神崩潰。可能與1915年3月25日
《出航》正式的出版有關，而更重要的是，2月
裡她開始讀雷納德所著的小說《智慧的童貞女》
（Wise Virgins）。雷納德在這部1914年出版的書
中宣洩了他對失敗的婚姻生活的不滿。小說的
男主角猶太青年哈里‧大衛就像雷納德一樣渴
望某種精神和肉體的熱烈愛情，一個女主角卡
米拉‧勞倫斯就像維吉尼亞一樣多情、智慧卻
拒絕肉體之愛，另一個女主角格溫則頭腦簡單
但充滿激情，哈里同時被她倆所吸引，但最後

選擇了與格溫結婚。維吉尼亞從這本書中讀出
了對自己的潛在指責，自尊心受到嚴重傷害。
她對該書的一些部分給予了很糟的評價，並與
雷納德發生了一場爭吵。

　　維吉尼亞這次病情前所未有的嚴重。5月
下旬起，維吉尼亞對雷納德表現出極度憎惡，
一連兩個月拒絕見他。根據凡妮莎的兒子昆
汀·貝爾（Quentin Bell）所著的《維吉尼
亞·吳爾芙傳》（*Virginia Woolf: A Biography*）
的記述，維吉尼亞當時陷入一種喋喋不休的瘋
狂狀態，顛三倒四、一刻不停地發出狂亂的話
語，直到聲音越來越短促、模糊、難以分辨爲
止。進而行爲又暴烈起來，大聲尖叫，需要四
個人才能看護住，非常可怕，好不容易才逐漸
恢復正常。

　　經過這一段危機，深愛維吉尼亞的雷納德
作出了巨大的犧牲，開始以精神之愛徹底取代
性愛。他給了維吉尼亞無微不至的關懷和愛
護，積極地支援和幫助維吉尼亞實現她的作家
夢。維吉尼亞病好後，他逐步讓她恢復寫作和

社交。他爲她規定作息的時間，控制她迎客或
出訪的時數，以防她過度疲勞。還爲她做飯，
甚至餵飯，督促她吃藥。爲她排除了一切生活
雜務的干擾，使她能夠潛心寫作。一次，雷納
德要離開幾天，他在行前讓維吉尼亞保證：

> 我，山魈……宣誓在6月16日、17日和18
> 日將：一，午飯後把頭靠在墊子上仰臥整
> 整半個小時。二，仍然像兩人用餐時那樣
> 進食，不少吃一口。三，每晚於十點二十
> 五分上床並立即開始睡覺。四，在床上吃
> 早餐。五，早上喝下整整一杯牛奶。六，
> 在某種情況下，可以躺在沙發裡休息，但
> 不得在房子周圍或外面走動，直到灰鵝雷
> 納德回來。七，要明智。八，要快樂。❽

由此，可以看出雷納德對維吉尼亞的照顧多麼
細心周到，儘管可能過於嚴格。維吉尼亞也意
識到如果沒有他這樣的保護，一旦舊病復發，
就會危及她的創作，所以很配合雷納德的安
排。結果從1915年至1941年，維吉尼亞再沒有

發作過嚴重的精神病。

　　雷納德相信，維吉尼亞的天才是和她精神的不穩定狀態緊密相連的。她的小說充滿創造性的想像力和聯想。他崇拜維吉尼亞的創造力，這使他最終克服了夫妻生活中的障礙。而對於維吉尼亞來說，雷納德具有一流的鑑賞力。每當寫完一部小說，雷納德就成了這部作品的第一位讀者和最有權威的批評家。儘管維吉尼亞很關心布魯姆斯伯里的朋友們對她的作品的意見，但只有她丈夫的意見是舉足輕重的。雷納德給予她的評價一般比較公正，既不溢美，也不誇張，他的判斷幫助維吉尼亞度過了一次次心理危機。在雷納德的鼓勵下，維吉尼亞克服了經常性的疑慮和沮喪情緒。沒有雷納德，很可能沒有維吉尼亞的成就。他們終於達成了精神的契合。

　　雷納德和維吉尼亞相敬相愛，過著一種非常親密的生活。他們常常用私密性的話語互示愛意。雷納德有時稱維吉尼亞是一隻可愛的鳥，更多時候則稱她爲西非洲的一種狒狒──

「山魈」。維吉尼亞比喻雷納德是一隻貓鼬
（mongoose），有時乾脆去掉這個詞的詞頭，
稱呼他「灰鵝」（goose）。雷納德在1913年7月
27日給妻子的信中寫道：「要不是天太晚了，
我願爲妳唱這樣一首歡樂的灰鵝之歌，開頭是
『我眞崇拜，眞崇拜……』」。❾1917年10月31
日他又在信上說：「親愛的，我崇拜…… · 妳
華麗身體上的每一根羽毛。」❿他們彼此之間
有一種純潔的感情。維吉尼亞在1919年底的日
記裡寫道：「我敢說，我們是英國最幸福的一
對。」⓫1925年6月14日，她又在日記裡宣布
雷納德是她生命的核心：

> 我偎依在我生命的核心上，它就是我與雷
> 納德生活在一起的徹底的舒適，我在其中
> 發現一切都如此滿意和寧靜，因此我復甦
> 了自己，獲得了一個全新的開端；感到完
> 全不受傷害。我認為，我們生活的巨大成
> 功，在於我們的財富是隱藏著的；或者毋
> 寧説存在於如此普通的事物之中，以至於

　　沒有什麼能夠碰到它。**⓬**

這樣的生活顯然滿足了維吉尼亞的需要，激發
了她的創作靈感。難怪有人認爲維吉尼亞答應
同雷納德結婚是她畢生最明智的決定。

　　維吉尼亞和雷納德婚後共同開創了一項新
的事業──成立霍加斯出版社（Hogarth
Press），這大大有利於維吉尼亞的文學事業的
發展，有利於現代英國的新文化思潮的發展，
儘管辦出版社的初衷只是爲了幫助維吉尼亞消
除精神緊張以恢復健康。

　　1915年維吉尼亞生日那天，雷納德突然想
到辦出版社這個主意。當時他們新近在倫敦薩
利區里奇蒙廣場附近租下了霍加斯屋。雷納德
認爲維吉尼亞可以做些手工活，如排字裝訂
等，緩解一下她由於寫作所帶來的精神壓力。
維吉尼亞後來考慮到辦出版社不僅有助於自己
的創作，也有助於雷納德自由發表政見，也表
示支援。但是，雷納德經過諮詢發現這不是件
簡單的事，需要耗費許多精力，可能會使維吉

尼亞不能專心寫作，他猶豫了一陣子。1917年
的一天，他倆在街上散步，在一家店鋪的櫥窗
裡看到一套陳列在裡面的印刷設備，兩人都睜
大眼睛盯著它，像饑腸轆轆的孩子盯住了麵包
房的點心。他們終於買了一套可以安裝在餐桌
上的印刷設備，連帶鉛字、輔助工具和一本十
六頁的使用說明書。東西被運到他們在里奇蒙
的住所霍加斯屋，霍加斯出版社由此得名。

　　很快，維吉尼亞全力投入了他們的出版工
程。經過幾個月的自學，她迅速掌握了排印的
技術，排字、裝訂和郵寄樣樣親自動手，惟獨
把收支管理全權交給善於理財的雷納德。他們
出版的第一本書是夫妻兩人的合集，題爲《兩
個故事》（*Two Stories*），收錄了維吉尼亞的
〈牆上的斑點〉（"The Mark on the Wall"）和雷
納德的〈三個猶太人〉（"Three Jews"）。書的
扉頁上赫然標明了「由維吉尼亞·吳爾芙和雷
納德·吳爾芙創作和印刷」。書中附有凡妮莎
爲他們畫的木刻插圖，紙面簡裝，售價一先令
六便士。1918年，他們又出版了女作家凱薩

琳‧曼斯菲爾德的短篇小說《序曲》
（*Prelude*），1919年出版了T. S. 艾略特的《詩
集》（*Poems*）和維吉尼亞本人的《丘園》
（*Kew Gardens*）。從1920年開始，霍加斯出版
社進入了正規的商業經營管道，發展成爲一家
有聲有色的出版機構，呑吐呼吸起時代的文化
精神。

　　1924年維吉尼亞和雷納德搬回了維吉尼亞
渴望重返的倫敦中心區，住進了布魯姆斯伯里
的塔維斯托克廣場五十二號，出版社也隨遷到
那裡的地下室。雖然條件很差，維吉尼亞夫婦
依然幹勁十足。當時已經僱傭了工人，維吉尼
亞對一些體力活還是樂此不疲。出版社的故事
實際也是他們婚姻故事的延續，出版社的成功
是吳爾芙夫婦共同努力的結果。它體現了夫妻
的相互關心、共同愛好和相似的堅韌與驕傲，
從他們的出版物清單上也不難看出他們在文化
或政治領域內各自的不同偏好。

　　一家自己的出版社！它對維吉尼亞來說，
「不僅僅是一種醫療手段，還是她的救星，使

她成為一個藝術家──可以放手寫出她自己的
離經叛道之作。」❸它使維吉尼亞不再擔心退
稿，不必拘泥於一般編輯的眼光，擺脫了傳統
小說理論的束縛，大膽地進行創作形式和內容
的革新。她在首印的〈牆上的斑點〉中，就採
用了意識流手法，作了第一次實驗。從此，她
的寫作生涯緊緊聯繫著霍加斯出版社。除了她
最早的兩部著作《出航》和《夜與日》（*Night
and Day*）由她異母兄弟的達克沃斯出版社發
行外，從1917年的〈牆上的斑點〉到她身後的
遺作《幕間》（*Between the Acts*）以及一些短
篇小說集和隨筆集，全部由霍加斯出版社出
版。1925年她在9月22日的日記中不禁暗自慶
幸，自己是「英國唯一一名想寫什麼就寫什麼
的婦女」。❹

　　另一方面，霍加斯出版社也緊緊聯繫著英
國的現代文化思潮的發展。它和二十世紀最初
二十年間興起的許多小型出版社一樣，出版了
大量在當時富於挑戰性的新作品，例如，它曾
經出版了E. M. 福斯特的小說《海妖賽壬的故

事》（*The Story of the Siren*, 1920）、高爾基的
《托爾斯泰回憶錄》（*Reminiscences of Tolstoi*,
1920）、羅傑‧弗萊的《十二幅獨創性木刻》
（1921）、T. S. 艾略特的長詩《荒原》（*The
Waste Land*, 1923）、佛洛伊德的《論文選》和
叢書《精神分析學文庫》等等，介紹了大量有
價值的文學作品和學術著作給英國公眾。霍加
斯出版社還幫助了一批作家，使他們從市場壓
力下解脫出來，充分展示自己的探索成果，因
此促進了社會新思想新文化的產生和普及，推
動了現代主義文學藝術運動的形成。

由於身處出版界，近水樓台先得月，維吉
尼亞透過選定和審閱原稿，得以最快地接觸到
新穎獨特的新著並結識了一批才華橫溢的作
家。例如，她就是透過霍加斯出版社與女作家
曼斯菲爾德、薇塔‧薩克維爾—韋斯特（Vita
Sackville-West）、詩人 T. S. 艾略特等建立友誼
的。她和這些朋友志同道合，彼此欣賞，彼此
支援，取長補短，相得益彰。這也從另一個方
面影響了維吉尼亞的創作。

此外，霍加斯出版社的成功確實給維吉尼亞夫婦帶來了可觀的經濟效益，大大改善了他們的生活水準。在此之前，爲了支付維吉尼亞住院治療的費用、到鄉下療養的費用、僱傭看護和僕人的費用、醫藥費等，他們已經入不敷出，幾乎花光了兩人婚前的所有積蓄，面臨經濟危機。而1927年後，吳爾芙家的年支出基本上保持在一千一百鎊左右，日子比較富足，創作時自然就不必考慮作品的商業前景而可以更自由地表達自己的思想，按照自己的方式探索藝術。1929年，她出版了自己的女性主義著作《自己的房間》（*A Room of One's Own*），當年在英國銷出一萬二千四百四十三冊，在美國銷出一萬零九百二十六冊，在大西洋兩岸激起了巨大的社會回響，同時也給她帶來了良好的經濟效益。她後來幾部作品也很成功。

出人意料的是好景不常，1939年第二次世界大戰爆發了，吳爾芙夫婦幸福平靜的生活被攪亂了。死神悄悄地向維吉尼亞靠近。

註釋

❶Nigel Nicolson ed, *The Letters of Virginia Woolf: Volume One (1888-1912)* (New York and London: Harcourt Brace Jovanovich, 1977), p.615, 466.

❷同註❶。

❸轉引自瞿世鏡，《意識流小說家伍爾夫》，上海文藝出版社，1989，頁24。

❹同註❸，頁24-25。

❺同註❸，頁25。

❻同註❶。

❼Nigel Nicolson ed, *The Letters of Virginia Woolf: Volume Four (1929-1931)* (New York and London: Harcourt Brace Jovanovich, 1981), p.180.

❽轉引自Lyndall Gordon, *Virginia Woolf: A Writer's Life* (Oxford University Press, 1986), p.145。

❾同註❽，p.144。

❿同註❽，p.143。

⓫Anne Olivier Bell ed., *The Diary of Virginia Woolf: Volume One (1915-1919)* (New York and London: Harcourt Brace Jovanovich, 1977), p.318.

⓬Anne Olivier Bell ed., *The Diary of Virginia Woolf: Volume Three (1925-1930)* (New York and London: Harcourt Brace Jovanovich, 1981), p.30。

⓭Sally Dennison, *Alternative Literary Publishing Five*

Modern Histories (University of Iowa Press, 1984), p.73.
⓮同註⓬，p.43。

第四章
魂歸烏斯河

　　1941年3月28日，維吉尼亞把帽子和手杖留在烏斯河畔，衣袋中裝滿石塊，投水自殺。她給姐姐凡妮莎和丈夫雷納德各留下一封遺書，給丈夫的遺書寫的是：

最親愛的：

　　我確信我又要發瘋了。我感到我們不可能再經受一次可怕的精神崩潰時期，並且這一次，我再也不會復原了。我開始耳鳴，不能集中思想。因此，我要採取一個看來最好的行動。你已經盡可能給了我最大的幸福。你已經在各方面做到了一個人所能做到的一切。直到這個可怕的疾病來臨，再也沒有兩個人會比我們更幸福。我再也堅持不下去了。我知道我正在浪費你的生命，如果沒有我，你就可以工作。我知道你願意工作。你瞧，我甚至不能在信中恰當地表達我的意思。我也不能閱讀。我想要說的是，你給了我一生的幸福。你對我體貼入微，百般忍耐，簡直好得令人

難以置信。我要說——人人都知道這件事
情。如果有人能夠挽救我的話，那就一定
是你。我已經失去了一切，除了仍然深信
你的善良。我再也不能繼續浪費你的生命
了。

　　我想沒有哪兩個人比我們更幸福。

維❶

　　她為什麼要自殺？從遺書來看，她似乎很
害怕自己舊病復發，而她當時預感到自己很可
能就要再次發病。徘徊在精神崩潰的邊緣，那
種絕望和恐懼似乎是驅使她結束生命的主要原
因。

　　維吉尼亞患的是一種潛發性精神官能症，
發病時感到莫名的恐懼和憂鬱，產生許多幻
覺，傾向自殺。這個病在維吉尼亞身上佇留的
時間很長，使她受盡了折磨。在婚前三次和婚
後一次的嚴重發作中，她曾幾度輕生，最後終
於還是走上了絕路。

　　維吉尼亞前幾次發病都與精神受到強烈刺

激有關，這一次出現異常感覺自然也應該同受
刺激有關。那麼，這次又是什麼刺激了她？

　　最直接的刺激大概是戰爭。維吉尼亞親身
經歷了兩次世界大戰，目睹了戰爭的毀滅性和
非人性，對戰爭懷著極度的憎惡和憤慨。第一
次世界大戰沒有直接把戰火燒到英國，她對戰
爭的感受是間接的。她感受到戰爭在人的心靈
上留下了難以彌補的創傷。第二次世界大戰開
始不久，1940年，希特勒德國的戰機飛到了英
國上空，對英國進行了狂轟亂炸。維吉尼亞直
接體會到了戰爭的殘酷。爲了躲避轟炸，吳爾
芙夫婦被迫離開了倫敦，離開了他們居住了十
五年的布魯姆斯伯里的塔維斯托克廣場五十二
號，轉移到鄉間的住所「僧舍」。倫敦在德國
人的閃電式轟炸和地毯式轟炸中基本被摧毀，
五萬幢房屋化爲灰燼，先後傷亡數萬人。維吉
尼亞在布魯姆斯伯里的家被毀，她的霍加斯出
版社被毀。

　　失去了她深愛的文化藝術名城，失去了家
園，失去了出版社，失去了寧靜的生活，維吉

尼亞何等痛心。更糟糕的是，維吉尼亞夫婦的
生命受到了嚴重威脅。即使住在蘇塞克斯鄉
下，他們也可以天天碰到德國轟炸機的轟炸，
炸彈爆炸時產生的衝擊波常常把他們住所的玻
璃窗戶震得亂響。維吉尼亞在1940年8月16日
的日記中描述了他們的一次危險經歷：

> 飛機離我們相當近，我們臥倒在樹下。那
> 聲音聽上去好像有人在我們頭頂上鋸東
> 西。我們臥倒在地上，手護在腦後。不要
> 咬緊牙齒，雷納德說到。他們好像在鋸著
> 什麼靜止的物體。炸彈把居所所有的窗戶
> 都震得發抖。炸彈會扔下來嗎？我問道。
> 要是真這樣，我倆會被炸碎的，我想著。
> 其實什麼都沒想──一片空白，心如止
> 水。我知道我在害怕什麼了。我們該帶著
> 梅布林到車庫去。太危險了，要穿過花園
> 的，雷納德說道。隨後，從紐漢文方向又
> 飛來了一架，我們被嗡嗡吱吱的轟鳴聲圍
> 住了。有匹馬在沼澤地上嘶叫著。天悶得

不行。是打雷嗎？我問道。不是，是槍
聲，雷納德答道。他剛從林瑪爾回來，是
從查爾斯頓那兒來的。隨後，飛機聲逐漸
變輕了。梅布林在廚房裡說窗子都發抖
了。空襲仍在進行。飛機在遠處飛著。茉
斯利在玩保齡球。我輸得很慘。我的作品
只能給我帶來痛苦。夏洛蒂‧勃朗黛曾這
麼說過，今天我同意這種說法。極度的沈
悶與沮喪……❷

　　德國飛機的肆虐使他們的身心備受摧殘。
他們整天提心吊膽。雷納德作為一個猶太人比
一般人更害怕種族主義德軍的占領。事實上，
雷納德和維吉尼亞及他們的許多朋友早就被列
為蓋世太保逮捕的對象，他們當時已經意識到
這種危險。雷納德對維吉尼亞說過，如果他落
入德國人之手，恐怕至少會被毒打。他們因此
和許多朋友一樣，考慮在德軍進占時自殺。維
吉尼亞當時在寫《幕間》，本希望自己能再活
十年，但她表示要和雷納德同生共死，沒有雷

納德，她是絕不願一個人活下去的。雷納德設
計了幾個自殺方案。他準備了一些汽油，又弄
了一些足以致命劑量的嗎啡，打算要麼夫妻雙
雙關上車庫的門窒息或自焚而死，要麼用大量
嗎啡安樂死。9月17日，他們在梅克倫伯格廣
場的家被炸。維吉尼亞在日記中記的是：我們
需要我們全部的勇氣。她心情沈重，創作中的
《幕間》基調陰沈，布滿了不祥之兆。

　　戰爭對維吉尼亞意味著破壞、死亡、喪失
理智和毀滅文化，她脆弱的神經系統再一次瀕
臨崩潰。此時此刻，維吉尼亞最需要親人的安
慰和朋友的幫助，而這一次她似乎很難得到滿
足。她的老友斯特雷奇和羅傑‧弗萊等早已不
在人世，戰火中的布魯姆斯伯里再也沒有人可
以聽她傾訴心聲。姐姐凡妮莎由於兒子朱利安
在前線陣亡悲痛欲絕，已無心照顧維吉尼亞的
感受，甚至和維吉尼亞為一些瑣屑的小事發生
了爭吵。在維吉尼亞自殺前幾個月裡，姐妹倆
只匆匆見過幾面，都有其他人在場，不可能傾
心交談。而兩人當時書信間的往來也很少，幾

乎沒有交換什麼資訊。其實，失去心愛的姪
子，維吉尼亞也受到了巨大的精神打擊。法國
女作家瑪格利特‧尤瑟娜見到維吉尼亞時，覺
得「她整個人完全變了，思想衰竭，面部凹
陷，一副憂傷神態」。❸維吉尼亞曾向一度與
她關係十分親密的女友薇塔求助，而薇塔對她
的態度也很冷淡。維吉尼亞在自殺前幾個月寫
信向薇塔描述了她的精神痛苦，並希望薇塔能
見她一面，卻沒有能如願以償。維吉尼亞在
1941年3月22日寫給薇塔的最後一封信中，特
別提到薇塔餵養的鳥兒，問到牠們的死亡是不
是發生在轉瞬之間。維吉尼亞隱約地流露出了
絕命的傾向，可惜薇塔沒有能察覺，直到她得
知維吉尼亞的死訊才恍然醒悟，追悔莫及。

　　儘管維吉尼亞在遺書中反覆安慰雷納德，
肯定他給了自己所有的幸福，但是有人認爲她
所說的不願意再拖累雷納德和她已經失去了一
切是另有所指。雷納德可能在感情上有負於維
吉尼亞。據吳爾芙夫婦的好友傑拉德‧布倫蘭
1967年透露，雷納德婚後沒有性生活，所以他

後來聽說若干年後雷納德和一個女僕有了私情。有人傳言說雷納德同莫莉‧漢米爾頓有過曖昧關係。在維吉尼亞自殺前，雷納德的情人可能是梅傑里‧塔莉普‧帕森斯。她在維吉尼亞去世後成了雷納德的生活伴侶。雷納德把自己的自傳體著作《重新開始》（*Beginning Again*）題獻給了她，並把自己的遺產大部分留給了她。一些研究者從維吉尼亞晚期的著作《歲月》（*The Years*）和《幕間》裡對失敗的婚姻的描述中，也解讀出維吉尼亞對自己生活的影射。

　　在維吉尼亞最後的日子裡，還有什麼可以支撐孤立無援、飽受精神和疾病折磨的維吉尼亞？寫作嗎？她把一生都奉獻給了寫作，她的書是她的生命的照影。1929年6月23日，她在日記中寫道：「我是天生的憂鬱症患者。令我清醒的唯一辦法就是工作。」❹在《往事雜記》裡，她清楚地表明：生命的啟示必須變為語言，

只有將其付諸語言，我才能使它完整；這
種完整性意味著它已經喪失了傷害我的力
量。或許因為我這樣做的時候便去除了痛
苦，所以將分離的部分組合成整體會給我
極大的樂趣。或許這是我所知道的最強烈
的快樂。當我寫作時獲得的正是這種極度
的欣喜。❺

寫作就是維吉尼亞的生命，不能寫作對她就意
味著生命走到了盡頭。她每次完成一部重要作
品後，都會體驗到可怕的精神憂鬱情緒。她對
評論界的反應非常敏感，總擔心自己寫的東西
得不到公眾的認同，害怕男性評論家對她的蔑
視和攻擊，懷疑自己是否有能力做個勝過男性
的優秀女性作家。在這種時刻，雷納德常常給
予她很多的支援和鼓勵。而在她最後的日子
裡，她感到雷納德越來越不理解自己，他對維
吉尼亞寫的《三枚金幣》（*Three Guineas*）、
《羅傑‧弗萊》（*Roger Fry*）的反應都很冷
淡。維吉尼亞感到從未有過的孤獨。她在寫

《歲月》時非常缺乏自信，不斷陷入自我懷疑
和絕望中，甚至害怕雷納德讀到她的手稿。
1941年《幕間》完成後，她終於再次出現了精
神即將崩潰的前兆，頭疼並伴有幻聽現象，不
能集中精力看書或寫作，這對她莫過於大難臨
頭。她的精神支柱倒塌了。

　　也許維吉尼亞命中注定要瘋狂和自殺。她
的結局常常讓人們想起茨威格、傑克‧倫敦、
海明威、葉賽寧、馬雅可夫斯基、法捷耶夫、
川端康成等等著名作家的生命終結。天才總是
超出了常人的思維、常人的規範，讓常人的社
會很難接受。他們瘋狂或自殺自有其背離常人
的判斷的理由。他們超前的思想意識必然和社
會流行的普遍思想意識相衝突，他們往往抗爭
不過社會的強大力量，只能忍受痛苦煎熬。維
吉尼亞晚年明確形成了與主流社會體制相對抗
的「局外人」立場，把男性壓制女性這一現象
的根源追溯到社會體制，批判以男性霸權為中
心的社會制度是戰爭和混亂的源泉，轉而從處
於社會邊緣的微賤者與無名者身上尋找人類的

希望。她對現存社會體制的抵制和超越，必然
受到各種攻擊，甚至連包括她丈夫在內的許多
親朋都不能理解她，在孤立中，她怎能不瘋狂
而自殺？「瘋狂」和「自殺」在形而上的意義
上可以是人在過度社會壓抑下必然採取的一種
生存方式、姿態和話語。維吉尼亞在《自己的
房間》裡寫道：

> 當詩人的心被女人的軀體所拘囚、所糾纏
> 時，又有誰能估量出其中的熾熱和狂暴
> 呢？❻

她指出，任何一個具有獨立思想與意志的女
人，在社會的壓迫下，肯定會半像巫婆，半像
魔女，必定要發瘋、自殺。大概她已經在預言
自己的命運。她不斷地問自己：我是誰？我要
做什麼？生命為什麼充滿悲劇性？人生和死亡
是她一生都在思考的問題，或許她在投河的瞬
間找到了想要得到的答案。

　　從維吉尼亞留下的遺書上，我們看不出一
點點瘋狂或神志不清，看不出恐懼和彷徨，憤

怒和痛苦，沒有絲毫怨尤，她顯得那麼從容鎮
定，堅決果斷。雷納德在她的基碑上刻下了她
的名作《海浪》（*The Waves*）中的一句話：
「我要縱身撲向你，我不曾失敗，也永不屈
服，啊，死亡！」維吉尼亞早在降生之時就遭
遇到死亡的威脅，體弱多病，令父母擔心這樣
一個女嬰活不下來；在她成長的過程中，她眼
見死神接二連三地帶走了她的母親、姐姐、父
親、哥哥；步入老年後，死神又奪走了她的許
多至愛親朋。她在書中閱讀死亡，在作品中探
索死亡，由此獲得了生命的啓示。她曾藉《戴
洛維夫人》中的女主角克萊麗莎·戴洛維的內
心獨白，道出了她對死亡的看法。她認為，生
命是一種你中有我、我中有你、互相依賴的存
在，個體生命是萬物整體生命的有機組成部
分。個體的生命短暫，而萬物的生命永恆。死
亡只是個體生命的消解，它使個體生命融入萬
物永恆之中。在生死之間，死亡是人們生時無
法達到的生命內核的保存。她平靜而勇敢地選
擇了死亡，但她的生命似乎並沒有真的永遠結

束，後人從她的作品中仍然看到了她生命的延
續。

註釋

❶Quentin Bell, *Virginia Woolf: A Biography* (New York and London: Harcourt Brace Jovanovich, 1972), p.226.

❷戴紅珍、宋炳輝譯，《伍爾芙日記選》，百花文藝出版社，1997，頁245。

❸轉引自瞿世鏡，《意識流小說家伍爾夫》，上海文藝出版社，1989，頁32。

❹Anne Olivier Bell ed., *The Diary of Virginia Woolf: Volume Three* (New York and London: Harcourt Brace Jovanovich, 1980), p.235.

❺Jeanne Schulkind ed., *Virginia Woolf: Moments of Being* (Unpublished Autobiographical Writings), (New York and London: Harcourt Brace Jovanovich, 1976), p.72.

❻劉炳善編，《伍爾夫散文》，中國廣播電視出版社，2000，頁507。

第二篇

創作

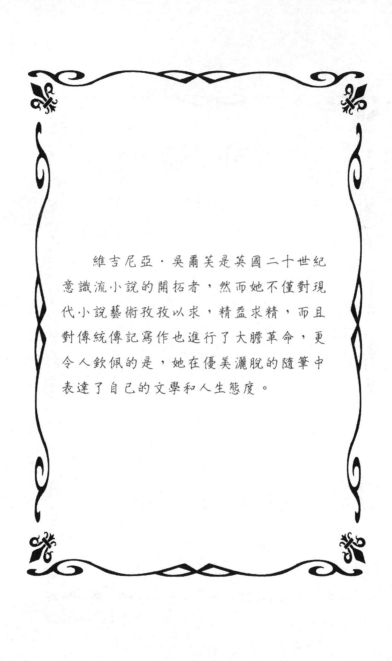

　　維吉尼亞·吳爾芙是英國二十世紀意識流小說的開拓者，然而她不僅對現代小說藝術孜孜以求，精益求精，而且對傳統傳記寫作也進行了大膽革命，更令人欽佩的是，她在優美灑脫的隨筆中表達了自己的文學和人生態度。

第五章
小說藝術

　　維吉尼亞‧吳爾芙是個不倦地進行探索和
革新的小說家，她從不滿足於重複自己，總是
在風格、題材、形式、時間運用等方面，不斷
改革和實驗，為創造英國小說的藝術形式、確
立小說為一種藝術類型、為塑造新的婦女形象
和豐富婦女小說，作出了切實的努力。

　　維吉尼亞一生的小說創作活動，是從傳統
的現實主義小說出發的。她的最初兩部長篇小
說《出航》和《夜與日》，基本沿襲了傳統寫
實小說的形式，採用全知全能的敘述方式，圍
繞主角的命運展開故事情節，結構上呈現出按
照客觀時間順序編排的線性特徵。不過，維吉
尼亞也已經顯露出革新的苗頭，她開始使一些
普通事物染上象徵的色彩，並且把書中人物的
觀點和視角融化到作者的敘述中。此外，她還
明確表現出其女性主義的立場。

一、《出航》

　　《出航》（*The Voyage Out*）發表於1915
年，講的是天眞少女雷切爾‧文雷斯乘船遠航
中自我發現的故事。雷切爾出身於富貴人家，
很有音樂天賦，但卻和當時幾乎所有的女性一
樣，沒有受過正規學校教育。她從小過著離群
索居的生活，不諳人情世故，不懂愛情，不善
交際。雷切爾沒想到終於有機會獨自乘父親的
商船出門遠航，她在旅途中巧遇姨媽海倫‧安
布羅斯，並接受其邀請到姨媽在南美洲的家中
作客。在南美洲那種與英國維多利亞時代社會
倫理規範相疏離的世界裡，雷切爾發生了前所
未有的變化。她結識了更多的人，了解到更多
的事，直接觀察到婚姻與兩性的關係，漸漸愛
上了老成持重、坦率熱誠、頗有儒雅風度的青
年特倫斯‧休伊。她和休伊一起進行了一次上

溯熱帶河流的航行，最後，在經過羞怯、罪惡感的折磨之後，應允了特倫斯的求婚。然而，不久雷切爾突然染病身亡，周圍的一切很快恢復如初。在一場暴風雨後，藍天明淨深遠，大地肅穆寧靜。無數新的雷切爾又將出航、探索、痛苦和發現生命的眞正意義。

　　《出航》塑造了一個追求獨立和解放的女主角，她沒有多少語言，主要透過音樂和沈默來表達自己，這後來成了維吉尼亞常用來表現女性心靈的方式。小說繼承了傳統的故事框架結構，但不斷用人物的各種感受和瞬間印象打亂情節。例如，小說中多次描述了雷切爾的夢幻，試圖揭示出她心靈最隱秘處的潛意識活動。小說的題名具有濃厚的象徵意味，「出航」表面指雷切爾從英國到南美洲以及沿熱帶河流上溯的航程，實際隱喻著從家園導向外部世界、從內陸文明導向原始狀態的航程，還暗示著心靈探索的歷程。它爲維吉尼亞日後的創作奠定了基礎。

二、《夜與日》

　　《夜與日》（*Night and Day*）出版於1919
年，講述的是一個戀愛和婚姻的故事。女主角
凱瑟琳‧希爾貝里聰明伶俐，講究實際，出身
於顯赫世家。囿於傳統習俗，她每日在家幫母
親料理家務。父母希望她能與門第相當的年輕
詩人羅德尼成親，聲言他們已訂了婚。這時，
下層中產階級青年律師丹厄姆‧拉爾夫因為常
給凱瑟琳父親的雜誌寫稿，被邀請參加她家的
茶會，並對凱瑟琳一見鍾情。拉爾夫感到凱瑟
琳可望而不可及，遂轉而向平民姑娘瑪麗‧達
奇特求婚。瑪麗是個單純、忠誠的姑娘，具有
頑強的自尊心，並且積極參與了爭取婦女選舉
權的工作，是個女性主義者。瑪麗雖然很愛拉
爾夫，可是當她發現他所迷戀的是凱瑟琳後，
立即拒絕了他，並嚴肅地指出：沒有愛情的婚

姻是一錢不值的。同時，凱瑟琳逐漸發現羅德尼思想保守，詩才平庸，而在拉爾夫身上卻找到了自己所需要的品質。她終於拒絕了與羅德尼的婚事，投入眞誠愛慕著她的拉爾夫的懷抱。羅德尼因爲與凱瑟琳的表妹卡桑德拉發展了愛情關係，欣然接受了凱瑟琳的決定。

《夜與日》以女性的婚姻爲主題，廣泛探討了女性的命運和地位。小說中，凱瑟琳最終衝破了男權家長制桎梏，擺脫了父母包辦的婚姻，她身上體現了女性反叛傳統、追求自由的新意識；瑪麗熱衷於獻身自己的事業，自尊自強，她直接代表了新女性的形象；卡桑德拉自願走上了一條維多利亞式的舊路，成爲傳統的繼承者。顯然，小說反映了維吉尼亞有關婦女應該自主命運的思想。小說在結構布局和人物思想感受的描寫上，取得了進步。雖然敘事手法並不新穎，寓意卻非常深刻：夜與日分別象徵著女主角生活的夢幻世界與現實世界的對立、情感與理智的對立、女性與男性的對立等等。

　　維吉尼亞面對當時西方社會的現實，試圖
尋找一種更好的反映人們真實生活面貌的小說
表現形式。二十世紀，西方社會的弊病日益突
出，第一次世界大戰使整個社會的結構和秩序
發生了動搖，使人們的心靈受到強烈震盪，生
活方式和思想觀念產生了巨大的變化。二十世
紀以來，人們對現實的不滿、懷疑和失望，導
致傳統的哲學、宗教、科學體系面臨嚴峻的挑
戰，叔本華的唯意志論、尼采的權力意志論和
超人論、伯格森的生命衝動說和直覺主義、佛
洛伊德的精神分析學和潛意識論等非理性主義
理論趁勢占據了人們的頭腦，文學藝術領域也
興起了象徵主義、未來主義、印象主義、超現
實主義、表現主義等等現代潮流。維吉尼亞在
吸納了新的思想後，開始探索意識流創作方
法。

　　意識流方法是指致力於描繪人物自然行進
的連續的主觀意識之流的敘事手法，它拋棄了
傳統小說中作者介入的敘事模式，而以小說人
物潛意識驅動下的自由聯想和想像為線索，揭

示人類物質生活和社會生活在人的內心深處的
影射和感悟，它排除了傳統小說對人物心理加
以整理和分析的理性化手段，所以又不同於傳
統的心理描寫。

三、〈牆上的斑點〉

〈牆上的斑點〉（"The Mark on the Wall"）
是維吉尼亞對小說創作方法進行的第一次實
驗。在這個短篇小說中，維吉尼亞不再著意於
外界事物本身，而注重事物給予人的感受和印
象，強調人的複雜的內心活動。維吉尼亞借助
於牆上的那個斑點——蝸牛來描寫人物的意識
流動，探索人物的內心深處，捕捉人物瞬間產
生的幻影。小說在短短的篇幅中，包含了極其
豐富的內容，人物的感覺、回憶和聯想如同驟
雨初瀉，因此，它被公認為維吉尼亞第一部純
正的意識流作品。它一改傳統的第三人稱客觀

敘述方式，運用第一人稱主觀直接引語來描寫
人物的內心活動，取消了傳統小說關於時間、
地點和環境介紹等基本要素，整篇記敘的是一
個人的意識活動：

　　敘述者「我」因為看見壁爐裡火紅的炭塊
而浮想聯翩，這時便將注意力集中到了牆上那
個斑點，覺得它是「一個釘子留下的痕跡」，
可能原來的房主在那裡掛過畫。「我」於是設
想起他們的趣味、生活，既而推及生命的神
秘、人類的無知和人生的偶然性；「我」又覺
得斑點可能是「一片夏天殘留的玫瑰花瓣」。
壁爐上的塵土令「我」想起古人，想起莎士比
亞等等，歷史的虛構真是沈悶，人的形象才是
世界最重要的東西。「我」聯想到維多利亞時
代的傳統規範和尊卑順序，希望將它們徹底排
除；斑點在某種光線下像個圓，「我」由此想
到一個起伏的古塚，想到考古學，後來又想到
一個沒有學者的思想自由的感性世界；斑點是
否是一塊木板的木紋？「我」想到樹的生命和
它化為的各種形式……最後「我」發現，斑點

原來是一隻蝸牛。

　　〈牆上的斑點〉結構仍然比較簡單，局限於第一人稱敘述者個人的意識流，但維吉尼亞已經在實驗中看到了希望之光，她又繼續以意識流筆法創作了《丘園》、《鬼屋》（*A Haunted House*）等幾個短篇小說，進一步認識到，意識流方法實際是以人物的主觀感受為現實的中心，照實記錄人物變化無常、紛繁複雜、殊難預測和理解的潛意識活動，揭示人的心理真實。

四、《雅各的房間》

　　《雅各的房間》（*Jacob's Room*）是維吉尼亞長篇意識流小說創作的起點。它和喬伊斯（James Joyce）的《尤利西斯》（*Ulysses*）、T. S. 艾略特的《荒原》這兩部現代派巨著發表於同一年——1922年。小說透過描繪一個叫雅

各‧弗蘭德斯的年輕人的一連串生活片斷，記
敘了他短暫的一生。小說首先講述了雅各的童
年：他自幼喪父，由母親撫育，在海邊長大。
接著是雅各的求學歲月：他在劍橋大學讀書、
交友，還曾經到同學蒂莫西‧達蘭特家度假，
成為蒂莫西的妹妹克拉拉暗戀的對象。然後是
雅各在倫敦的日子：閱讀大量關於古典文化的
書籍，撰寫文章，結交情婦弗洛琳達和范妮。
其後是雅各的歐洲之旅：他從法國到義大利再
到希臘，陶醉於古典藝術，並在希臘對一位名
叫桑德拉的女人產生了戀情。最後，雅各回到
倫敦，好像在風華正茂之年死於第一次世界大
戰。

　　《雅各的房間》透過呈現雅各年輕生命的
價值與期望，而不是直接描寫雅各的參戰經歷
和結局，暗示出戰爭對人類文明的毀滅性破
壞。它像五彩碎片鑲嵌成的馬賽克圖板或者萬
花筒，由若干相互不一定關聯的不同場景、回
憶、印象等拼貼而成，結構鬆散，卻又能保持
形式和節奏不變。圍繞著雅各，小說中有數十

個人物浮光掠影似地出現又消失，他們的對話
都是破碎的片言隻語。「房間」是雅各生命的
投射和象徵，不僅留存著他的印跡，也隱喻著
他的心靈。維吉尼亞認為現代人已經失去了個
性的完整性，生命的歷程充滿連續的斷裂，心
靈趨於破碎，她試圖運用與此相應的敘述方式
來展示這種特點。小說中因此取消了傳統小說
中描寫人物的基本要素，如家世、出生、婚
姻、死亡等，沒有記錄重大的事件或編織完整
的故事情節，而著眼於雅各對世界和對他人的
印象，以及他人對雅各的印象，透過時間和空
間的巧妙安排，在似乎散漫無序的敘述中把各
個人物的意識之流連為一體，具有明顯的印象
主義特徵。小說立刻引起了評論界的爭論，既
受到福斯特等現代派作家的讚揚，也受到貝內
特（Arnold Bennett）等傳統現實主義作家的
攻擊。值得注意的是，小說中的意識之流在表
層上存在一些多餘的事件、思想和談話片段，
作者的印象時時介入，有礙於小說結構的統一
和完整。

　　經過不斷的實踐，維吉尼亞終於找到了小
說創作的理想形式，進入了意識流小說創作的
鼎盛期，創作出意識流的經典之作《戴洛維夫
人》和《燈塔行》。在這兩部長篇小說中，維
吉尼亞已經能夠得心應手地運用內心獨白、內
部分析、感覺印象、時間轉換等意識流技巧，
儘管書中涉及好幾個人物的意識流，她已能不
露痕跡地從一個人物的意識流轉換到另一個人
物的意識流，書中的一切皆由人物的意識來展
現，完全不必借助於作者本人的全知敘述。

五、《戴洛維夫人》

　　《戴洛維夫人》（*Mrs. Dalloway*）的情節十
分平淡，內容大致如下：1923年6月的一天早
晨，國會議員的夫人克萊麗莎·戴洛維要上街
買花，為晚上舉行的宴會做準備。大門打開
後，清新的空氣撲面而來，她不由回憶起三十

年前在鄉村的生活及與彼得的初戀；當她來到
花店選購鮮花時，路邊汽車輪胎的爆破聲嚇了
她一跳。那輛汽車看起來像是皇家要人乘坐
的，引來很多人圍觀，其中有一人是患「震嚇
性精神病」的退伍軍人塞普蒂默斯，他神情恍
惚，死死盯著汽車，彷彿可怕的事情就要發
生。他的妻子陪伴著他，準備帶他去威廉·布
萊德蕭爵士處就診；天空掠過一架飛機，用噴
出的白煙寫出幾個廣告字母，克萊麗莎看到
了，坐在攝政公園裡的塞普蒂默斯也看到了，
他卻認為飛機和白煙是在向他發信號；克萊麗
莎回到家中，她那闊別多年的初戀情人彼得從
印度回來造訪她，向她傾訴了自己這些年一事
無成的不幸遭遇。儘管多年來未見，兩人彼此
還都懷有柔情，但又相互有點怨恨之感。接
著，克萊麗莎的女兒伊莉莎白進門，彼得只好
起身告辭，議院大樓時鐘敲響十一點鐘；彼得
來到攝政公園，看見了塞普蒂默斯夫婦，一個
老嫗的歌聲觸動了他們；十二點整，塞普蒂默
斯夫婦按約去就診，塞普蒂默斯被確認病情嚴

重，需要進瘋人院隔離治療；克萊麗莎的丈夫
理查德・戴洛維在女社交家布魯頓夫人家吃了
午飯，回家途中給妻子買了一束鮮花；克萊麗
莎爲女兒與家庭女教師基爾曼之間過分親密的
關係而苦惱；伊莉莎白離家和基爾曼共度下
午，但兩人不歡而散；克萊麗莎一直在獨自沈
思；塞普蒂默斯回到家裡，和妻子有說有笑，
而霍爾姆斯醫生的突然出現，使他產生了被人
追捕的幻覺，因而跳樓身亡。議院大樓時鐘敲
響了六點鐘；克萊麗莎的晚宴開始，英國首相
和一些達官貴人紛至沓來，彼得也來了，布蘭
德爵士帶來了塞普蒂默斯自殺的消息，克萊麗
莎對此敏感地產生了共鳴，感到那死亡就是她
自己的災難，害怕自己的死就要來臨。她陷入
了惆悵與沈思；克萊麗莎款待賓客直到晚宴結
束。

　　《戴洛維夫人》揭示了這樣一個深刻的主
題：身爲議員夫人的克萊麗莎生活於榮華富貴
之中，但精神上卻無限空虛，懷疑自己的婚姻
抉擇是否正確，她渴望生活，但又感到在消

瘦、衰老，時時處在死神陰影的籠罩之下；出身貧寒的塞普蒂默斯，在戰爭中目睹了屠殺，看見好友倒在血泊中，以致戰後精神失常，生活在驚恐之中，時常產生可怕的幻覺，終於自殺。這兩個人一個害怕死亡，一個畏懼生活，他們代表著人生的兩個極端傾向。維吉尼亞把這兩個人物的經歷並行來寫，較全面地反映了第一次世界大戰後西方社會現代人的精神狀態。

　　整部小說突破了時空的限制而將過去與現時、外部事物與內在意識交織到一起，將三十年的滄桑呈現在一日之內，逐步顯現出主角一系列不由自主的意識流程。維吉尼亞在組織情節時，把鐘錶時間和心理時間相結合：議院的鐘聲報出客觀事物進行的速度，而戴洛維夫人的意識活動則按照心理時間進行。她還把第三人稱間接意識描寫和第一人稱內心獨白交錯融合，使意識流從一個人物轉到另一個人物，中間的過渡時隱時現。例如，街上汽車發出的巨響使花店中的克萊麗莎和公園裡的塞普蒂默斯

同時吃了一驚，這樣便把後者引介出場。而塞
普蒂默斯自殺的消息又把克萊麗莎帶入沈思，
使她作了意味深長的關於生死問題的內心獨
白。此外，維吉尼亞還成功地運用了象徵、比
喻和意象，在小說中充滿豐富的情緒、感受及
對聲音、色彩、氣息的感官印象。

六、《燈塔行》

　　《燈塔行》（*To the Lighthouse*）1927年出
版後，有人稱讚它是「一幅畫」、「一章樂
曲」、「一首心理詩」、「一件關於藝術的藝術
品」。它以主角拉姆齊夫人為中心，透過她的
意識連結其他人的意識，使意識流技巧的運用
達到完美的地步。小說寫的是拉姆齊一家和幾
個親密朋友在蘇格蘭西北沿海島上度夏的一段
生活。全書分為三章，第一章「窗口」，篇幅
最長。開篇是黃昏時分，拉姆齊先生和客人在

花園裡踱步交談，拉姆齊夫人在窗下邊織襪子邊照看小兒子詹姆斯，還不時倚窗而望，朦朧看見窗外人的活動，意識之翼翻飛飄動。草坪上，畫家莉麗努力想畫出拉姆齊夫人和小詹姆斯在窗下的情景，但卻把握不住線條和色彩。拉姆齊夫人答應詹姆斯次日帶他到海中的燈塔去，拉姆齊先生卻斷定「天氣不會好」，使孩子們大為掃興，對他產生怨恨，拉姆齊夫人安慰孩子們說：「明日也許是好天。」晚上，主客聚餐，拉姆齊夫人創造了友好和睦的氣氛。第二章「歲月流逝」，篇幅最短，記敘了十年後的一個夜晚，拉姆齊先生等人重回別墅。此時已是物是人非，拉姆齊家的兒子安德魯在第一次世界大戰中喪生，女兒普魯難產而亡，拉姆齊夫人也已去世，海濱別墅變得破落、荒涼。第三章「燈塔」，描寫十年前計畫的燈塔之遊得以實現，拉姆齊先生帶孩子們到達燈塔。莉麗在岸上目睹他們的身影，眼中浮現出寬厚仁慈的拉姆齊夫人形象，成功地完成了十年前的那幅畫作。

　　這部小說描述的事件來自維吉尼亞早期的
生活，維吉尼亞的父母是主要人物拉姆齊夫婦
的原型。1925年，維吉尼亞在構思《燈塔行》
時寫道：

> 這部作品將相當短，將寫出父親的全部性
> 格；還有母親的性格；還有聖·艾維斯群
> 島；還有童年；以及我通常寫入書中的一
> 切──生與死，等等。❶

在小說中，拉姆齊夫人代表人類美德的化身，
作爲賢妻良母、熱情好客的主婦，她在生活中
創造了友誼、信任、和諧與統一，她以自己的
品質和作用向人們展示了從混亂煩惱中求得安
寧快活的可能性；拉姆齊先生代表維多利亞式
家庭的男性家長，他孤獨而乖戾，對孩子冷
漠、嚴厲，總想以理性和邏輯從混亂中建立秩
序，希望創造一個理性主義世界，而現實卻帶
給他無盡的困惑和苦惱。十年滄桑，拉姆齊夫
人和兩個孩子死去了，荒涼的小島別墅籠罩著
死神的陰影，表現了戰爭的可怕、環境的黑暗

與人生的痛苦；家人和朋友重返舊地，拉姆齊先生與孩子們言歸於好，到達燈塔，實現妻子生前的宿願，同時，畫家莉麗圓滿完成畫作，這一切顯示了拉姆齊夫人精神的新生，說明有了她的精神力量，人們就有了創造新的和諧生活的希望。

　　《燈塔行》所呈現的想像世界完整而逼真，清晰而透明。全篇象徵林立，寓意深沈。燈塔代表光明與黑暗的混合，代表拉姆齊夫人，代表一種理想標準，代表和諧、統一與完美等等。小說暗含兩條敘述線，一條是拉姆齊一家和友人的生活，另一條是莉麗的藝術創作。時間跨度長達十年，維吉尼亞透過劃分章節，把它安排成晚上——夜間（十年）——早上，根據需要在意識上擴展或壓縮時間。傍晚幾小時的活動被擴成一百八十頁文字，而十年的風風雨雨則被壓縮在一夜之間。次日上午拉姆齊先生和莉麗再現過去的情景，好像拉姆齊夫人還活著，還在窗口那兒，似乎過去的不是十年而是一夜，小說由此獲得了延續性和統一

性，猶如三段曲式奏鳴曲的第一主題──第二
主題──第一主題變奏式再現。而各章的長短
不一，又像燈塔照耀的過程和節奏那樣，分別
代表燈塔長的閃光、兩次閃光間黑暗的間隔和
較短的閃光，暗示著人生的悲歡交替，甚至象
徵人的生與死。小說的形式結構因此與主題完
美地融合在一起。小說中還滲透了音樂和繪畫
的要素，許多片斷都是優美的散文詩，可見維
吉尼亞在藝術美方面具有強烈的追求和高深的
造詣。

　　在逐步確立了意識流小說的基本模式後，
維吉尼亞·吳爾芙最後又試圖超越這種模式，
創造出一種綜合的藝術形式，以便更準確地表
達現代人的思想。她在晚期創作了《海浪》、
《歲月》和《幕間》。《海浪》是小說和詩的結
合，詩的因素超過了小說的成分，象徵化的人
物和程式化的敘述結構幾乎使小說的基礎瀕於
崩潰；《歲月》具有較多的傳統小說成分，散
文詩和歷史融化於小說之中；《幕間》是詩、
散文、戲劇、歷史、對話的混合物，意識流鑲

嵌於全知敘述之中，並且具有較強的象徵意味。這些作品顯然超出了意識流小說的範圍，大大地拓寬了小說這種體裁的容量和內涵。

七、《海浪》

《海浪》（*The Waves*）最充分地表現了作者的創造力，在形式上不同於她的其他任何小說，人物的意識採取了分流的形式。這部小說達到了她小說革新實驗的頂峰，標誌著她在小說創作上的一次巨大飛躍，不僅包含了作者對生命普遍命題的哲理性思考，也包含了作者反傳統的小說美學觀念。

《海浪》完全取消了傳統的故事因素，通篇只是六個人物在不同的人生階段上的內心獨白、意識流動的軌跡，每個獨白用「某某說」這個風格化的短語引起。小說分為九章，每三章構成一組，共三組，分別透過人物滔滔的內

心獨白，展示他們的童年、青年和老年。每章
的前面有一段描寫自然景物的散文引子，提供
大海這一背景，用不同於正文的斜體字印刷，
描繪了日出──日當午──日落的變化，與六
個人物生命歷程相呼應。大致的內容如下：

　　第一章，黎明時分，海天混沌，太陽漸漸
升起。伯納德、奈維爾、路易、蘇珊、珍妮和
羅達六人，在埃爾頓經歷了孩提時代私塾的最
後一天。第二章，太陽正在升起，陽光明亮，
海浪回響。六個人進入寄宿學校。第三章，太
陽升起，鳥兒歌唱，浪花拍岸。六個人從寄宿
學校畢業後，開始了不同的生活。伯納德和奈
維爾進入大學，路易進入商業界，蘇珊到了父
親的農場，珍妮進入倫敦社交圈，羅達成了流
浪者。第四章，陽光直射海面，映出絢麗的色
彩。年輕的朋友相聚在倫敦一家餐館，為即將
到印度去的朋友波西弗餞行。他們表現出各自
不同的生活觀點。第五章，太陽升到天頂，海
浪猛然起落。波西弗的死訊傳來，人人悲痛，
沈思死的問題。第六章，太陽越過頭頂，陽光

斜射，海浪湧起又四散。路易在辦公室裡想著
工作、詩歌和羅達，蘇珊在農場平靜地生活，
珍妮在宴會上尋求滿足，奈維爾還沈浸於波西
弗的死亡。第七章，太陽落得更低，留下片片
陰影，風吹海面，一切都在搖曳。六個人已失
去青春，紅顏衰老。第八章，太陽繼續往下
沈，海浪也暗淡無光。六人在漢普頓宮一家酒
店最後聚會，各自從不同角度回顧人生。他們
厭倦和懷疑邏輯與理性，以及種種傳統定規。
第九章，太陽沈沒，海天復歸混沌，一切都被
黑暗吞沒。伯納德回顧、總結六人之間的關
係，探索人生的涵義。

　　《海浪》蘊涵了大量的理念，沒有情節，
也沒有對人物家庭出身、社會關係、日常生活
的具體描寫，非常抽象，維吉尼亞試圖藉人物
的意識之流，從廣度和深度兩方面探索人的意
識和人生價值，抒發其人生感受，闡明其人生
哲理。六個人的一生中，每個人的意識都滲透
著痛苦的孤獨感和失意感。他們對於人與自
我、人與社會的關係感到惶惑。他們拚命尋找

自我，覺得自我多變，不可確定，因此，奈維
爾口袋裡隨時都裝著卡片作爲自我的證明。他
們常常自問：「我是誰？」、「我究竟算是個
什麼？」甚至提出「一個人死後自我又變成什
麼？」這樣的問題。伯納德總結生與死的問題
說，死亡是眞正的敵人，必須與它鬥爭，而他
們都缺乏勝利的信心。小說雖然在形式上絕對
客觀，但效果上卻極其主觀。

《海浪》的音樂感極強，六個人的意識之
流均勻地以波浪式的節奏進進出出，展現出人
物無數的感覺片斷。由呈示主題到展開主題，
再到重現主題，就像奏鳴曲的六重奏，六個人
物彷彿是管弦樂隊的六種樂器，既相互獨立又
彼此應和，奏出和諧統一的調子。六個人物
「我中有你，你中有我」，生命交融在一起，每
個人的聲音都從其他五個人的聲音中獲得補充
和映照，共同構成一個整體。小說沒有中心人
物，伯納德聯合每個人的感覺，把六個人的全
部經歷編織起來，作了最長的獨白。波西弗沒
有出場，卻是一個不容忽視的基本結構要素。

他在六個人的記憶中反覆呈現，將他們緊緊聯合在一起，因而這個人物的構思頗有新意。

八、《歲月》

為了打破在《海浪》裡業已達到完美的詩化小說模式，創造一種「隨筆式小說」，維吉尼亞創作了《歲月》（*The Years*）這部象徵主義和現實主義兩種因素兼而有之的作品。她把大量的事實和觀念納入於中產階級帕吉特家族的生活史，表現了這個家族從維多利亞時代後期到第二次世界大戰前夕將近半個世紀的經歷。但她沒有採用線性敘述的嚴格的家族編年史模式，而是躍過時間的斷裂帶，擇取了十一個年頭。她記錄的不是完整的經歷，而是斷斷續續的生活片斷。全書分為十一章，每章冠以一個年份，表現這一年中特定的一天，從1880年直到「當前」，透過作者的敘述或人物的對

話，間接地揭示出帕吉特家族祖孫三代的出
生、婚姻、事業、成功、失敗、死亡。每一章
代表日常生活的一個部分，開始是一段散文詩
式的引子，用於宏觀描述時間、季節、氣候、
社會政治狀況諸方面，爲緊隨其後的正文提供
一個框架，有點類似劇本中每一幕之前有關背
景、道具、動作的說明文字。與《海浪》各章
前那種嚴格獨立、具有特殊象徵意味的引子不
同，《歲月》的引子緊緊聯繫著集中描寫帕吉
特家族具體情況的正文，和正文是不可分離
的。正文雖然視野稍窄，但也有一些背景描
述，並和引子一樣，以全知全能敘述者的視角
占統治地位，這樣，正文就和引子渾然一體。
例如，在第一章的引子中，作者描述了那年春
季氣候變幻無常，不論是倫敦西區的貧民還是
東區的富豪，都感到氣候反常。在住宅區裡，
女僕們正準備茶點。接著正文就描述了帕吉特
全家用茶點的場面。小說的主要結構和情節如
下：

　　第一章1880年，在4月的一個下午，帕吉

特上校不顧病危的妻子，偷偷與情婦幽會。家中，女兒米莉、迪莉亞在燒水備茶，羅斯還很小。後來，上學的幼子馬丁、做見習律師的次子莫里斯、上校及出去參加社會服務的長女艾莉諾都回到家裡。吃晚飯時，帕吉特太太病情惡化去世。當時，長子愛德華正在劍橋大學愛戀著表妹基蒂·馬龍。第二章1891年，記敘了上校和女兒艾莉諾10月6日的生活。此時基蒂·馬龍、米莉都結了婚，愛德華和莫里斯都有了自己的事業，馬丁去印度當兵，羅斯也離開了家，只有艾莉諾在家照料父親。上校帶著給姪女瑪吉買的生日禮物來到兄弟迪格比家中，本想和弟媳談談有關自己的情婦的問題，卻欲言又止。第三章1907年仲夏夜。馬丁從印度歸來。這一天迪格比夫婦和瑪吉參加了舞會，而瑪吉的妹妹薩拉因病睡在床上看書，聽著窗外傳來的樂曲聲，感到惆悵。第四章1908年。迪格比夫婦都已去世，房子也賣了，瑪吉和薩拉搬了出去。上校已經老態龍鍾，艾莉諾仍孤身陪伴父親。在外面參加爭取婦女參政權

活動的羅斯回到家中探望。第五章1910年。一天，羅斯巧遇瑪吉並應邀到瑪吉和薩拉居住的低級公寓裡共進午餐。飯後，薩拉和羅斯去參加了一個爭取婦女選舉權的會議，會上見到艾莉諾和基蒂。晚上，街上傳來國王愛德華七世去世的消息。第六章1911年。上校死了，五十五歲的老處女艾莉諾出國度假，後又去探望弟弟莫里斯夫婦和他們的孩子佩吉與諾思，姑嫂談到瑪吉與法國人雷尼的婚事及其他一些親屬的情況。第七章1913年。艾莉諾賣掉老宅，給了老僕人羅斯比一筆養老金。羅斯比堅持繼續照顧馬丁的生活。第八章1914年。一個春日，馬丁在街上遇到薩拉，談到羅斯因為在婦女選舉權運動中的激進行為被捕入獄。他們後來見到了瑪吉和她的孩子。晚上，馬丁還參加了基蒂的晚宴。第九章1917年。冬季，戰爭爆發，瑪吉夫婦與應邀前來的艾莉諾、薩拉和她的朋友尼古拉斯在他們家共進晚餐，席間遭遇敵機空襲，躲進了防空洞。他們的談話揭示了親戚後輩的生活，各人都有一種失落感。第十章

1918年。11月的一天，戰爭結束，但大家並不
覺得歡愉。最後一章「當前」，約占全書的四
分之一，時間跳到1937年。帕吉特家族成員在
迪莉亞家聚會。老年人和年輕人一同舉杯，生
活還有新的希望。

維吉尼亞希望在《歲月》中試圖：

> 包容成千上萬的觀點而沒有半點說教——
> 歷史、政治、女性主義、藝術、文學——
> 總之，概括我所知道、感受、嘲笑、鄙
> 視、喜愛、讚賞和憎恨的一切。❷

因此，她在這部作品中描繪了一幅紛繁的歷史
圖景——維多利亞和愛德華時代的社會狀況和
家庭生活、大英帝國的海外殖民主義、女性主
義運動、第一次世界大戰前的惶惑不安情緒、
戰爭帶來的驚擾和恐慌、戰後的幻滅感，以及
三〇年代人們心中的沮喪和憤世嫉俗……正如
標題所示，它表現了人隨時光流逝成長、衰
老、死亡的過程，反映了人類生活戲劇的演
變。

　　《歲月》摒棄了傳統小說情節的發展脈絡，即矛盾——發展——高潮——解決的模式，而強調一種不斷循環的模式，即伴隨著一年四季、冬去春來的循環往復，人類生生不息，綿延不絕。作者力圖證明，帕吉特家族不過是人類種族綿延循環模式中的代表和象徵而已，從這個大家族的經歷，既可以看出人們之間的共性，也可以看出他們各自截然不同的個性。歲月的流逝，是否真的給人類帶來了進步和希望？小說中，作者對於日常生活世界的描述較為具體、現實，刻劃的人物腳踏實地，不像《海浪》裡的人物那樣空靈，使它有一個現實主義的外表。在人物塑造方面，它比較趨於直截了當的白描，語言也比較簡潔而沒有太多的隱含意義。因此，它在英國和美國出版後，都比較暢銷，儘管評論界對它的評價很不一致，很多人批評維吉尼亞又退回到寫實主義的初級階段。

九、《幕間》

　　《幕間》（*Between the Acts*）是維吉尼亞留下的最後一部完整的作品。這部小說帶有一種淒婉的調子和反諷的色彩，因為維吉尼亞寫此書時，第二次世界大戰已經爆發，她的心上始終籠罩著戰爭和死亡的陰影。維吉尼亞沒有來得及仔細修改書稿，就自殺了。

　　此書以一部歷史劇作為框架，中間穿插描寫了幾位主要人物的日常生活。這些主要人物是住在倫敦附近鄉村別墅「波因茨宅邸」的奧立弗一家，包括老巴塞羅繆‧奧立弗和他守寡的妹妹露西、兒子賈爾斯和兒媳伊莎貝爾，以及孫子、孫女。此外，還有鄰居曼里莎太太和威廉‧道奇先生等。

　　故事描述了1939年6月的一天，拉‧特羅布小姐在波因茨宅邸的平台上導演了一齣戲，

村裡的居民既充當演員又充當觀眾，舉行了一
場歷史場景的化裝演出。第一幕表現喬叟時代
的朝聖者，第二幕表現伊麗莎白時代戲劇的繁
榮，第三幕是安妮時代，戲台上的人在模仿復
辟戲劇。第四幕維多利亞時代，舞台上表現出
當時英國的貧富分化。一方面是貧困、偏見、
虛偽；另一方面是改革、繁榮、進步。最後一
幕是「現代，我們自己」。台下的觀眾在等
待，突然下起一場傾盆大雨，雨後，村童拿著
鏡子跑到台上，讓觀眾照出自己破敗的影像。
在第一次幕間休息時，觀眾們到穀倉裡去用茶
點。威廉‧道奇注意到伊莎貝爾對丈夫的幽怨
態度；而曼里莎太太則覺得賈爾斯很美，並竭
力把他吸引到身邊，被伊莎貝爾察覺。伊莎貝
爾為了氣丈夫，就帶領威廉參觀她家的玻璃溫
室。威廉感到自己與伊莎貝爾只是精神上比較
接近，不存在賈爾斯和曼里莎之間潛在的性欲
關係。第二次幕間休息，觀眾在原地不動，賈
爾斯邀請了曼里莎夫人去參觀玻璃溫室。第三
次幕間休息，觀眾在討論上一幕維多利亞時代

的劇情，因為這與他們的生活比較接近，觀眾
的父母或祖父母都是維多利亞時代的人。最後
一次幕間休息和歷史劇的最後一幕之間，沒有
明顯的界線。舞台上的「現代」場景，既是歷
史劇的結束，又是現實生活的一部分。牧師最
後作了總結，之後戲就散了。奧立弗一家吃了
晚飯，各自去休息。白天的一幕結束了，卻只
是人生戲劇的幕間而已，另一幕戲劇即將開始
──賈爾斯和伊莎貝爾將爭吵、搏鬥、擁抱、
做愛、孕育新的生命，上演人類亙古不變的愛
與恨的戲劇。

　　小說的人物性格各異。例如，在倫敦做股
票經紀人的賈爾斯，非常實際，特別關心歐洲
的政治局勢，對戰爭深感不安。他漠視妻子的
細膩感情，為鄰居曼里莎夫人的性感所打動；
他的妻子伊莎貝爾的性格與之相反，她厭惡混
亂、庸俗、虛偽、拘謹的現實世界，富於幻
想，試圖在幻想的世界中尋找安慰，常常偷偷
地寫詩。她猜疑丈夫和鄰居曼里莎太太關係曖
昧，自己也暗戀他人。他們夫妻之間的關係，

既對立，又互補。

　　《幕間》設計了一個非常獨特的結構，它沒有直接描述人物命運，而是在一部歷史劇演出的幾次幕間休息時，斷斷續續地展現出人物生活中的某些方面，實際上是把人生的畫面鑲嵌在戲劇的框架之中，形成了一種特殊的立體交叉結構，暗含著多重主題的對比：現實與歷史、人生與戲劇、生活與藝術、自然與文明、男性與女性、愛與恨、生與死等等。小說的題名寓意深刻：除了演出的幕間，一天是人生的「幕間」，現實和戰爭是歷史的「幕間」。

　　縱觀維吉尼亞‧吳爾芙的小說創作，可以判定，她在西方二十世紀小說的發展史上處於重要的里程碑地位。西方傳統的小說局限於用現實主義手法記述一個或一批主要人物的生平經歷、悲歡離合和最後結局，而維吉尼亞卻超越了這種傳統格局。她根本不去描摹人的外部物質生活，而著意用獨創的意識流筆法記敘人物意識感官記錄的瞬間印象和內心世界的圖景，展現現代人的內在精神生活。為了更好地

迎合時代的需要，她還力圖把小說發展成一種綜合藝術，使其詩化、散文化、戲劇化。她在小說中不斷透過人物之口來探討人生：生活究竟是變幻無常的，還是堅實穩定的？是否有可能在變幻無常的人生中找到某種規律和秩序？人的本質究竟是什麼？他爲什麼要在這個世界上生活？他應該怎樣來生活？怎樣生活才能使他的短暫的生命獲得永恆的意義？這樣，維吉尼亞的小說顯示出一種強烈的現代性，爲小說的發展指出了一種新的方向。

註釋

❶Anne Olivier Bell ed., *The Diary of Virginia Woolf: Volume Three (1925-1930)* (New York and London: Harcourt Brace Jovanovich, 1981), p.18.

❷Anne Olivier Bell ed., *The Diary of Virginia Woolf: Volume Four (1931-1935)* (New York and London: Harcourt Brace Jovanovich, 1982), p152.

第六章
傳記革命

　　維吉尼亞‧吳爾芙對傳記文學產生興趣是很自然的，因為她的父親萊斯利‧史蒂芬是著名的傳記作家、《國家名人傳記辭典》的主編，她自幼閱讀了大量的傳記作品，對傳統傳記的形式和筆法十分熟悉。後來她在布魯姆斯伯里集團的好友之一利頓‧斯特雷奇也是一位英國傳記文學大師，維吉尼亞對他寫的《維多利亞時代名人傳》（*Eminent Victorians*）、《維多利亞女王傳》（*Queen Victoria*）和《伊麗莎白與埃塞克斯》（*Elizabeth and Essex*）等傳記文學作品有過不少褒獎。

　　一般說來，傳記最重要的是記錄眞實的事件，傳記作者通常都會搜集盡可能詳盡的人物生平資料，按照線性時間順序羅列，以客觀方式呈現傳記主角的生平事蹟。傳記正是以資料豐富和細節翔實為特點，並常能以奇聞軼事激起讀者的濃厚興趣。好的傳記都能栩栩如生地再現出主角的形象。高明之作往往具有較為宏觀的眼界，不僅著眼於敘述對象本身的生活事實，而且充分展示時代與社會的具體情況，力

求揭示主角思想性格形成所受到的各種影響及其發展脈絡。但無論如何，傳記的根本要素是事件的真實和作者態度的客觀公正，長期以來，這基本上被公認為確定一部傳記成功與否的一個主要標準，而維吉尼亞‧吳爾芙卻不以為然。維吉尼亞在1928年出版的《歐蘭朵：一部傳記》和1933年出版的《狒拉西》這兩部傳記作品中，勇敢地向傳記文學的傳統發起了挑戰，以大膽虛構和狂放想像來取代客觀事實。她在寫給好友薇塔‧薩克維爾─韋斯特的信中論及《歐蘭朵》時說道：「我突然想到一種方法，可以在一夜之間使傳記寫作發生革命。」
❶

一、《歐蘭朵》

這是怎樣的革命？讓我們看一看《歐蘭朵》（*Orlando: A Biography*）的內容：

　　1586年，出生於一個英國貴族之家的歐蘭
朵還是個十六歲的翩翩少年。他酷愛文學，頗
有抱負，寫了大量的抒情詩、史詩和詩劇。一
天，他在寫作一部五幕詩劇，突然感到寫不下
去，便悄悄跑到附近山崗上去看日落，坐在他
最喜歡的一棵橡樹下沈思。不一會兒，遠處傳
來了鼓樂聲，他知道伊麗莎白女王駕臨了，便
馬上換衣接駕。年老的女王對他一見鍾情，召
他入宮，陪伴左右，他成了女王的親信。但
是，一次他在和一個宮女調情時，被女王發
現，女王大怒，歐蘭朵因此失寵。1603年，伊
麗莎白女王去世，詹姆士一世即位，歐蘭朵又
出現在宮廷中。1604年，倫敦發生大霜凍，泰
晤士河結了很厚的冰，新國王在河上舉行狂歡
節。歐蘭朵在狂歡節上見到俄國公主薩莎並愛
上了她，兩人計畫私奔。但薩莎欺騙了他，就
在歐蘭朵晚上等待她時，河水消融，冰塊漂
流，他遠遠地看著俄國船隊返航回國了。歐蘭
朵傷心不已，第一次一連昏睡了七天，醒來時
似乎忘記了過去的一切。

　　半個世紀後，英國進入查理一世統治時
期，但歐蘭朵才接近三十歲。他又在寫一首長
詩〈橡樹〉，羅馬尼亞的女公爵哈利特慕名來
拜訪他。爲了擺脫女公爵的糾纏，歐蘭朵多次
請求朝廷委派他到君士坦丁堡做大使。歐蘭朵
在土耳其的公務生活刻板乏味，他時常化裝到
城中遊蕩。當他再度昏睡七天時，全然不知土
耳其發生了叛亂，而他醒來後，又發現自己變
成了一個美麗的女人。他（她）於是慌亂地離
開了君士坦丁堡，加入了一個吉普賽人的部
落，卻無法融合進去。她不得不變賣了隨身佩
帶的珠寶，乘船返回英國。歐蘭朵終於作爲女
人回到英格蘭，而此時英國處於十八世紀安妮
女王時代，歐蘭朵因爲難以證明自己的身分和
對土地及頭銜的合法權利，只好進行艱難的訴
訟。她來到倫敦，進入社交界。當時流行浮華
的生活，講究文采禮儀，出現了艾迪生、德萊
頓、蒲伯等一代名流，歐蘭朵會見了這些著名
的文學人物，還碰見了過去在伊麗莎白宮廷中
時常討論詩歌問題的詩人尼科拉斯·格林，他

現在也是一位著名文人。歐蘭朵重新動筆寫長詩〈橡樹〉。不久，她對社交和寫作失去興趣，轉而渴望冒險，常常到街頭酒館去同妓女們交往。

十九世紀維多利亞女王時代，歐蘭朵仍然是個年輕女人。她發現自己充滿苦惱和渴望。她在倫敦與老朋友格林重逢，格林現在是著名的文學批評家，他為歐蘭朵的〈橡樹〉找到了一個出版商。後來，歐蘭朵的頭銜和土地的法律問題終於得到解決，但鉅額訴訟費用使她不再是個富有的女人。她認識了一個富有的鄉紳馬默杜克·邦思羅普·謝爾邁丁，就和他結了婚，不久，酷愛航海的謝爾邁丁就遠航去了。歐蘭朵手上只留下了一個結婚戒指。二十世紀時，歐蘭朵生了一個兒子，出版了她在十六世紀就開始創作的長詩。她在三十六歲時回到自己的鄉間住宅，再次來到三百多年前聽見伊麗莎白女王駕臨的鼓樂的大橡樹下。最後，敘述嘎然停止在「1928年，10月11日，星期四，午夜。」時鐘敲響了十二點，歐蘭朵聽見天上發

出轟鳴聲，謝爾邁丁——現在是一位著名的船
長——正在乘坐飛機回家來。

《歐蘭朵》就是這樣一部充滿幻想的浪漫
傳奇。它的內容在時間上延續了近四個世紀，
在空間上跨越歐亞兩洲，主角的性別、身分屢
次變化而生命綿延不絕。作者完全打破了時空
界限、混淆了歷史與現實，甚至違背了生理科
學常識。主角歐蘭朵活了四個多世紀，由儀表
非凡的美少年變成了一位花容月貌的少婦，依
然年輕。他（她）生命中的時間和歷史上的時
間是不等值的，她的一年要相當於歷史上的許
多年。在四百年歷史時間中，歐蘭朵的服飾改
變了，生活、觀念等等也改變了。唯一不變的
是歐蘭朵對文學和愛情的追求。

維吉尼亞認為，人的自我是多元的，世界
上沒有一個人的本體是單一的，一個人的本體
之中總蘊涵著諸多的自我。她曾經對利頓·斯
特雷奇說，她就由二十多個不同的人物構成。
所以《歐蘭朵》中的主角也有非常多個自我，
當其中一個人大聲說話時，這些自我會意識到

它們之間互相矛盾，並且試圖彼此交換意見。
在維吉尼亞看來，雖然一部傳記不可能把人物
本體的一切方面都加以表現，但是，如果它僅
僅說明了六、七個自我，就可以認爲是一部完
整的傳記了。事實上，維吉尼亞筆下的歐蘭朵
實際是由她許多朋友的剪影合成。維吉尼亞在
1927年9月18日的日記中寫道：

> 總有一天，我要在這兒勾勒出像一幅壯觀
> 的歷史畫卷，我所有朋友的輪廓。昨晚在
> 床上我就在思考這個問題，而且因某種原
> 因，我認為我要從傑拉爾德·布倫南的素
> 描開始。在這個想法中也許存在著某種東
> 西。這也許是在人們生活期間寫作一個自
> 己的時代回憶錄的方法。它可能是一部最
> 令人發笑的書。問題是怎麼去寫它。薇塔
> 應該是歐蘭朵，一個年輕貴族。裡面應該
> 有利頓，他應該是真實的，但卻是奇異
> 的。羅傑、鄧肯、克萊夫、艾德里安。要
> 與他們的生活相關聯。但是我想到的比我

　　有能力寫的作品多得多。湧入我腦袋的有
多少故事啊！❷

　　可以肯定，歐蘭朵的原型是薇塔──薇
塔‧薩克維爾─韋斯特，一個出生於英國古老
貴族家庭的小說家和詩人，祖母是西班牙舞蹈
家佩皮塔，父親是著名的薩克維爾勳爵，丈夫
是外交家、作家H. 尼科爾森（Harold
Nicolson）。薇塔頗有才氣，喜歡易裝，具有
雙性傾向，雖然身為女性，卻在心理和行為上
表現出強烈的男性特徵。她與維吉尼亞相交甚
密，維吉尼亞一度陷入了對她的深深迷戀之
中，《歐蘭朵》因此被題獻給薇塔，所以人們
又稱《歐蘭朵》為「歷史上最優美的情書」。

　　維吉尼亞給了《歐蘭朵》一個副標題：一
部傳記，並相應設計了一個正規傳記的嚴謹形
式。書前有一篇煞有介事的序言，對許多同行
一本正經地致謝如儀，並說明了包括笛福
（Daniel Defoe）、斯特恩（Laurence Sterne）、
艾蜜莉‧勃朗黛（Emily Brontë）等前輩作家

對她的影響。書中編有註腳，還鄭重其事地插
入八幅插圖：用薇塔的三幅照片充當歐蘭朵的
肖像，用凡妮莎的女兒安吉利卡的化裝照充當
薩莎的肖像，用一張家族照片充當歐蘭朵夫婦
的合影。此外，書後附上了學術性十足的索
引，編纂進了大量的條目。但實質上，《歐蘭
朵》杜撰了一個長生不老、雌雄同體的人物及
其怪誕的經歷，它肯定不是傳統意義上的傳
記，而恰恰是對傳記體裁的戲擬，或者是對傳
統傳記模式的顛覆。維吉尼亞·吳爾芙曾親筆
爲《歐蘭朵》題寫道：

> 一部傳記，它將講述一個從1500年到1928
> 年的生活。改變其性別，記載個性在不同
> 世紀中的不同方面。其理論是在我們出生
> 前個性就在秘密發展；死後還會遺留下某
> 種東西。❸

這才是《歐蘭朵》的眞正主題。

維吉尼亞在書中直言不諱地公開討論了她
在小說中用象徵隱喻小心掩飾的許多問題：從

軀體和精神兩個方面來說，個人是否他的祖先
所遺傳的各種成分的混合體？如果這的確是事
實，我們可否用一個人物作爲實例來加以證
明？在那些較爲敏感的、藝術型的人物身上，
男性氣質和女性氣質不是交織在一起的嗎？如
果的確如此，創造出一個既是男性又是女性的
兩性人物作爲書中的主角，豈不更妙？

　　維吉尼亞早在〈傳記的藝術〉一文中就明
確指出：

　　　透過告訴我們真正的事實，透過從大事件
　　中篩選出小事件，並構成整體從而使我們
　　感知到總體輪廓，傳記作家與任何詩人或
　　小說家相比──除了最偉大者之外──更
　　能夠激勵想像。……他能夠給我們以創造
　　性的事實；有繁殖力的事實；能啟發和生
　　育的事實。❹

《歐蘭朵》正是這種理論的產物，因此它無疑
帶來了傳記的革命。

　　根據同樣的原則，維吉尼亞又創作了另一

部傳記《狒拉西》（*Flush: A Biography*）。《狒
拉西》的主角是英國著名女詩人伊麗莎白·勃
朗寧（Elizabeth Browning）的一隻西班牙長耳
狗，書中也像《歐蘭朵》那樣附有註解、資料
目錄和九幅插畫，其中四幅是凡妮莎的繪畫，
一張照片是狒拉西的「肖像」，由維吉尼亞夫
婦用其家犬品卡（Pinker）的照片冒充。

　　全書講述了狒拉西的生平故事：開篇是狒
拉西在茅舍裡出生。幼年時代，狒拉西生活在
瑪麗·拉塞爾·米特福德小姐的鄉間居所，整
天在田野裡自由遊蕩，和各種各樣的犬類追逐
遊戲。後來，米特福德小姐把狒拉西作爲一件
珍貴的禮物，贈送給了伊麗莎白·巴雷特小
姐，因爲她很同情這位終年離不開病榻的女詩
人，希望狒拉西這個活潑的小夥伴會給女詩人
單調寂寞的生活增添一點樂趣。狒拉西來到伊
麗莎白父親在倫敦的寓所，覺得很不適應牠的
新生活。伊麗莎白小姐整天把牠關在房間裡，
即使女僕帶她到花園裡散步之時，也緊緊地拉
著繫在牠脖子上的鎖鏈，毫不放鬆。不過，她

給牠吃各種細軟的食品，時時給牠以愛撫，使
牠漸漸地愛上了她。他們一起過著隱蔽隔離的
生活，狒拉西成了女主人最親密的伴侶。

　　然而，一個陌生人——羅伯特‧勃朗寧突
然闖進來，擾亂了他們平靜的生活。伊麗莎白
愛上了他。她焦急地等待他的來信，她把這些
信件反覆閱讀，愛不釋手。在他來訪之時，伊
麗莎白興高采烈，談笑風生。在他離去之後，
她悄然沈思，凝神冥想。羅伯特已經在她心中
燃起了生命和愛情的火焰，她不再需要狒拉西
了，她對牠毫不理睬。狒拉西對這一切變化的
反應是強烈的。牠繃著臉不睬羅伯特，甚至還
在那隻伸過來的戴著手套的大手上咬了一口。
但是，牠最後不得不同勃朗寧先生和解，因為
牠發覺，他和女主人已經結為一體、不可分離
了。其後，發生了一件意外的綁架案。狒拉西
被人劫持，巴雷特小姐必須付一筆贖金，否則
狒拉西小命難保。伊麗莎白不顧巴雷特先生和
羅伯特的警告，贖回了她的愛犬。此後，伊麗
莎白因為害怕父親會阻撓她的婚事，帶著狒拉

西和羅伯特一起私奔到了義大利。婚後伊麗莎白的健康狀況顯著好轉，她和羅伯特夫唱婦隨，一起讀書、寫作、旅遊，還生了一個兒子。狒拉西總是追隨在主人的身旁，有時也藉機溜到屋外去，向義大利狗們吹噓一番倫敦的生活，或者躲到一個角落裡沈思愛的問題。牠覺得愛使牠的種族綿延不絕，愛把牠和主人緊密相連，而人類也許永遠不會明白愛。狒拉西最終因年老體衰在佛羅倫斯死去。

　　《狒拉西》表面以狗作為主角，實際卻是勃朗寧夫人本人的傳記。維吉尼亞·吳爾芙又一次打破傳記的傳統模式，從女詩人伊麗莎白·勃朗寧的一隻狗的視角，展現了女詩人的生平、思想和感情。伊麗莎白和羅伯特·勃朗寧的幸福結合，曾經是文壇的佳話。1845年1月10日，羅伯特·勃朗寧寫信給伊麗莎白·巴雷特小姐，對她的詩才表示仰慕。此時伊麗莎白已經在詩壇嶄露頭角。她少年時期曾墜馬受傷，癱瘓在床，年齡已有三十九歲，看來已無結婚的希望。經過幾個月的書信往來，伊麗莎

白決定會見那位比她年少六歲的詩人。不料兩
人一見鍾情。羅伯特向伊麗莎白求婚，起初被
她拒絕。但羅伯特並不灰心，繼續向伊麗莎白
求愛。他們倆終於在1846年9月12日秘密結
婚，並於婚後一個星期私奔。巴雷特先生對此
勃然大怒，終生沒有寬恕心愛的女兒的背叛行
爲。而伊麗莎白則和羅伯特在義大利度過了十
五年恩愛的夫妻生活。維吉尼亞就是以他們的
戀愛經歷爲基礎來構思這部傳記的。

　　爲了服從藝術的特殊需要，維吉尼亞沒有
照搬所有的事實。例如，狒拉西曾經三次被偷
狗賊所竊，書中卻只寫了一次。伊麗莎白認識
羅伯特之前，在詩歌創作方面已頗有成就，作
者對此也略而不談。維吉尼亞雖然在書後註
明，勃朗寧夫婦之間的信件和伊麗莎白的詩
歌，爲狒拉西的這本傳記提供了素材，但是，
她並未列舉當時已經出版的幾本勃朗寧夫婦的
傳記作爲佐證。總之，維吉尼亞所追求的不是
外表的眞實，而是內在的眞實。因爲一條小狗
顯然不可能像書中的狒拉西那樣懂得日期，認

得出羅伯特‧勃朗寧的筆跡。

　　維吉尼亞在創作中，意識到自己處於一個
社會思想轉型的時期，她積極順應了發展的潮
流。當時，心理分析、戰爭、社會變動和對十
九世紀思維習慣的反叛，都意味著傳記寫作和
回憶錄寫作的革命。維吉尼亞在〈新傳記〉一
文中，首先簡略回顧了傳記的發展，然後把焦
點集中在記錄客觀事實和表現主角個性之間的
關係問題上。她認為錫德尼‧李所作的傳記充
塞了他所謂的真實──那種大英博物館裡才能
找到的真實，絲毫沒有吸引力，因為他沒有表
現出主角豐滿的個性。那種把主角的缺點壓縮
到最低限度而抬高人物的傳記，不管作者的寫
作技巧多麼高明，總是使人懷疑其真實性。早
期的傳記常常局限於介紹主角的具體活動，及
至鮑斯威爾才改變了這一切。他寫的傳記不僅
描述了人物的外在活動，還深入表現了人物的
內心世界和情感。維多利亞時代，傳記作家們
雖然像鮑斯威爾一樣仔細描述事實，卻沒有能
像他那樣表現人物的個性，傳記的主角非常模

式化，總是高貴、正直、純潔、嚴肅，遠遠誇
大了生活的眞實面貌。二十世紀的新傳記，篇
幅縮短，卻十分精悍。它不再被關於人物的所
有事實牽引著，而是大膽取捨，甚至融入了虛
構的成分。維吉尼亞特別讚賞H.尼科爾森，他
的傳記作品《有些人》在描述眞實生活時，滲
入了許多虛構故事的手法，滲入了他的想像，
他的立場觀點，更有效地表現出人物的個性，
反而更趨於眞實。因此，

> 維吉尼亞對「新傳記」的描述是：「在傳
> 記作品中表現得最完整、最細膩的那個人
> 物，就是作者本人的形象」，在這種傳記
> 中，我們將發現「事實的真實與虛構的真
> 實是不可調和的」，「對我們來說，那越
> 來越真實的生活就是虛構的生活。」❺

維吉尼亞曾經指出：

> 既然一個生命由出生開始並持續若干年，
> 傳記作家不得不按照順序介紹這些事實。

　　但是它們和傳記主角有什麼關係？這就產
生了疑問；筆顫抖了；傳記就像真菌擴散
一樣膨脹開來……事實有它們的重要性
——但是這也正是傳記作家不幸之所在。
傳記作家不能抓住核心，他給我們的只是
事情的表面。因此，最好的方法是區分出
兩種真實。讓傳記作家完全地、徹底地、
準確地列印出所知的事實，不作任何評
論；然後，讓他像寫小說那樣去寫。❻

傳記中必要的事實和它們隱含的眞理之間永遠
存在著差別。

　　維吉尼亞相信，傳記必須記錄主角在特定
社會背景中的反應強烈的瞬間，還必須不斷變
化。關鍵在於概括、定調和總結。好的傳記應
該記載變化的事情而不是發生的事情。人在不
知不覺中漸漸改變，一個繼續變化的自我才是
繼續生活的自我，傳記中的自我也是這樣。生
命不會靜止不變，人們的觀念和知識結構不斷
發展，生命的寫照當然就不能固定化、終極

化，每代人都要重述的一些故事。

維吉尼亞在為好友羅傑‧弗萊寫傳時，也
試圖打破傳統傳記形式的束縛，她曾經作了多
種設想：從最後往前寫？還是描述許多「有代
表性的日子」？或者讓不同的人來寫他的不同
階段？她謹慎地考慮到事實和她的想像之間的
衝突，感到難以擺脫那存在著的與其理論相矛
盾的事實，十分灰心。她特別羨慕某些傑出的
畫家，他們可以在畫像中顯示人物紛繁複雜的
個性，而不必在三、四百頁紙中，妥協、規
避、減損、誇大、枝蔓和捏造所謂的傳記。最
後，維吉尼亞在《羅傑‧弗萊》一書中繼續沿
用了傳統傳記手法，較為全面的記敘了好友的
各個方面，沒有為了美化人物而遮掩什麼，它
因此不同於維多利亞時代純偶像崇拜式的傳
記。

另外，維吉尼亞在《往事雜記》等自傳文
章中，也沒有像通常的自傳那樣，記滿職業生
涯中的事實、精神事業的軌跡和個人在歷史背
景下的發展等，而是寫出了她的情感、潛藏的

思想和童年的回憶，完全是自我的表白。

　　顯而易見，維吉尼亞‧吳爾芙的傳記革命
思想與她對小說的改革同出於她的「精神主義」
對「物質主義」的反叛，即反對編織堅實可靠
和酷似生活眞實的故事，提倡探索人們隱秘的
精神世界，關注現代人的內心、靈魂和生命。
她認爲，人的內心感受比客觀物質世界更能準
確地反映人的生活眞實。

註釋

❶轉引自張京媛主編，《當代女性主義文學批評》，北京
　出版社，1992，頁40。

❷韋虹等譯，《奧蘭多：一部傳記》，哈爾濱出版社，
　1994，頁218。

❸轉引自 Jane Marcus ed., *New Feminist Essays On Virginia
　Woolf* (The Macmillan Press Ltd., 1981), p.179.

❹轉引自 Hermione Lee, *Virginia Woolf* (London: Chatto &
　Windus, 1996), p.10.

❺同❶。

❻同❹。

第七章
現代隨筆

　　維吉尼亞‧吳爾芙的文學生涯最初始於隨筆寫作，後來她主要致力於小說、傳記創作，隨筆寫作就成了副產品。不過，它們的價值卻毫不遜色。知識淵博、思維敏捷、勇於創新的維吉尼亞充分發揮了隨筆散文縱橫無忌、形散而神不散的特點，以其英國式的優美灑脫，把英國隨筆的美文傳統推向極至，贏得了「英國傳統散文大師」、「新散文的首創者」這樣的讚譽。

　　隨筆歷來是歐洲文學園地裡的一朵奇葩，它在英國盛開得特別豔麗。從培根開始，英國文學史上湧現過一大批優秀的隨筆散文作家，如艾迪生、斯蒂爾、約翰生（Samuel Johnson）、蘭姆（Charles Lamb）、德‧昆西（Thomas De Quincey）、哈茲利特（William Hazlitt）、卡萊爾、麥考利、羅斯金、阿諾德、紐曼、吉辛⋯⋯許多著名的戲劇、詩歌或小說大師都是令人欽佩的散文家，維吉尼亞‧吳爾芙是其中的一位佼佼者。

　　維吉尼亞在閱讀了里斯先生編纂的五卷本

《現代英國隨筆集：1870-1920》後，感觸頗
深。透過這部橫跨世紀、歷時五十年的隨筆散
文集，縱覽世紀之交英國隨筆的歷史變遷，她
重新全面審視了隨筆這一古老而年輕的藝術形
式，寫下了〈現代隨筆〉一文。她在文中總結
道：

> 隨筆可以短也可以長，可以鄭重其事也可
> 以絮絮叨叨，可以議論上帝和斯賓諾莎，
> 也可以漫談海龜和契普賽德。❶

正是因爲隨筆這種形式方便靈活，內容千變萬
化，時至現代，它們都不失爲一種極具吸引力
的文體，受到廣大作者和讀者的青睞。

維吉尼亞寫道：

> 在一切文學形式中，隨筆是最不需要使用
> 長字眼兒的一種文體。支配它的原則只是
> 它必須給人帶來樂趣；當我們從書架上拿
> 下隨筆來時，驅使我們的意願也只是為了
> 要獲得樂趣。一篇隨筆裡的一切東西，都

　　必須服從於這個目的。它開篇的第一個字
　　就應該使我們像著了迷一樣，只有到讀完
　　了最後一個字才能清醒和復甦過來。❷

維吉尼亞的隨筆散文創作的美學原則就在於給
讀者樂趣，而要做到這一點，作者自然不能沽
名釣譽、心靈遲鈍、拘謹刻板，而應該富有情
趣。

　　維吉尼亞認為，小說有精彩的故事，詩歌
有優美的韻律，隨筆應該有淵博的學問。借助
某種寫作的魔法熔鑄進學問的隨筆，可以使主
題具有豐厚的歷史文化底蘊，使讀者回味無
窮。它不同於學術論文，「必須寫得純淨──
像水那樣純淨，像酒那樣純淨，總之要純淨而
不呆笨、死板，不能積澱有外來異物」❸，這
樣才能聲色並茂、搖曳多姿。維吉尼亞非常欣
賞英國史學家麥考萊和弗勞德那種自然流暢、
知識豐富的隨筆作品，而對於某些作者那種滿
紙空話、充滿訓誡或概念模糊、語無倫次的隨
筆則嗤之以鼻。她覺得，隨筆裡的一切都應該

為愉悅讀者而寫，並且是為愉悅世世代代的讀
者而寫。她反對浮華藻飾、高談闊論，因為它
們會使文章的氣韻，也就是文學生命的血液，
流淌得緩慢起來，使文章缺少一種深沈的激動
人心的力量而黯然失色。隨筆的精髓並不在於
辭藻的堆砌，而在於作者深入的見解、獨到的
眼光。好的隨筆應該評論鞭辟入裡，發人之所
未發，見人之所未見，幽默風趣，令人百讀不
厭。

　　維吉尼亞注意到，隨筆隨時代的變化而變
化。讀者群的改變、讀者趣味的改變，直接影
響到隨筆的寫作。對公共輿論反應敏銳的隨筆
作家，在情況發生變化的時代，總能夠順應潮
流。優秀的作家常常因勢利導而創作出越來越
好的作品，拙劣的作家卻適得其反。她指出，
自蒙田時代以來，作者的自我就一直間歇不定
地纏繞在隨筆身上，而在蘭姆作古後，隨筆中
的自我突然銷聲匿跡了，後來比爾博姆重新自
覺而又純粹地把個性帶進文學，在隨筆中談他
的高興與煩惱，筆下滲透了個性的精神，由此

贏得了風格的勝利。然而，在文學中運用「自
我」必須具有高超的寫作技巧，懂得怎樣去
寫，一些作者僅僅把各種瑣瑣碎碎的個人癖性
在印刷品裡分解，結果令人十分厭惡。二十世
紀二○年代後，隨筆作者的個性開始蒙受損
失，他們的「自我」逐漸被代表社會團體和其
他高貴人物的「我們」所取代。他們為之寫作
的是一個和善的、疲憊的、感情冷漠的社會。
他們每週寫、每天寫，寫得非常的短，精確計
算文章所占的版面，往往脫離了寫作的旨趣和
寫作的藝術。

　　維吉尼亞作為一位優秀的隨筆作者，她所
重視的恰恰是寫作的旨趣和藝術。她強調：

　　　我們感到，寫作的藝術大概正是以對某種
　　思想的強烈執著為支柱的。思想乃是某種
　　為人所信仰、被人所確切觀察並從而對語
　　言強行賦形的東西，而正是被某種思想所
　　乘載著，那一大批各不相同的作家，……
　　才能達到那遙遠的彼岸。❹

維吉尼亞深信，只有隨筆，才能將短暫的人生的聲音透過個人語言所構成的煙霧迷濛的領域，提升到永遠聯合、永遠融洽的國度。

　　一篇好的隨筆應該具備這種永久的品質；它應該在我們周圍拉起一道帷幕，只不過這道帷幕要把我們圍在當中，而不要將我們關在外面。❺

　　對於維吉尼亞來說，隨筆似乎更適合於表現她的絕世才華，體現她廣泛的興趣和淵博的學識。她自幼就喜歡閱讀各類書籍，並以此為樂，積累了豐富的學識。她在隨筆中，以女性特有的機敏和精細，以小說家洞幽燭微的思維觸角，充分利用隨筆比傳記和小說更突兀奔放的特點，淋漓盡致地表現出了自己對人生、藝術、文學和歷史的感受。她的隨筆繼承了傳統英國隨筆娓娓而談的優點，下筆如行雲流水，舒捲自如，清新活潑，揉合了英吉利民族的含蓄、幽默、飄逸灑脫，不像寫小說那樣慘澹經營，刻意求工，反而更有自然之趣。

　　維吉尼亞的隨筆寫作始於1904年發表在
《衛報》上的一篇書評，雖然那時她的文學理
想遠未成熟，文筆稍嫌稚嫩，但是她已經顯露
出不同凡俗的識見。從此，她邁進了文學的殿
堂，揭開了文學生涯的序幕。後來，維吉尼亞
不僅成爲有名的小說家，也成爲許多重要報刊
的撰稿人，她寫下了數百萬字的隨筆，內容浩
博，反映了她驚人的知識面。維吉尼亞寫隨筆
從不帶任何功利目的，隨興所至，信手拈來。
作爲讀書和小說創作之餘藝術之思的一種轉換
方式，她的隨筆或多或少、或直接或間接地與
閱讀或文學創作聯繫在一起。

　　目前出版的維吉尼亞的隨筆主要有她生前
親自編訂和死後由丈夫雷納德編纂的隨筆集
《普通讀者》（*The Common Reader*，二卷本，
1925，1932）、《瞬間集》（*The Moment*）、
《飛蛾之死》（*The Death of the Moth*）、《船長
彌留之際》（*The Captain's Death Bed*）、《花
崗岩與彩虹》（*Granite and Rainbow*）、《維吉
尼亞‧吳爾芙隨筆集》等。根據題材和內容可

以把它們歸爲三類。第一類是理論著述，包括女性主義理論和文學理評論。第二類是作家作品論。第三類是各種生活印象式隨筆。

一、理論著述

維吉尼亞的理論著述閃爍著智慧之光，論述精闢，語言活潑。女性主義理論自成體系，對新女性主義運動有很大的推動，在下一篇中會專門論及，這裡暫不展開。她的文學理論著述，如〈現代小說〉、〈當代文學印象〉、〈狹窄的藝術之橋〉、〈小說的藝術〉、〈班奈特先生和布朗太太〉等，凝聚了她對生活、眞實、藝術形式等觀念的認識，顯示出現代的、超前的眼光，實際是她自己從事文學創作的出發點。

（一）〈現代小說〉

〈現代小說〉（"Modern Fiction"）一文是維吉尼亞第一篇重要的文學論著，被人們視爲現代主義小說的宣言，文中提出了文學與生活關係的新思想，其中最著名的是「記錄心靈中原子簇射」的論斷。維吉尼亞認爲小說應該根據個人感受，選擇生活中能表現內在精神的東西。她尖銳地指出，威爾斯（H. G. Wells）、貝內特和高爾斯華綏（John Galsworthy）這樣的當代作家費工夫證明小說情節的眞實、酷似生活完全沒有意義，他們只注重肉體和物質，不注重現代人的精神，實際是對生活的最大背離。因爲「生活並不是一連串對稱排列的馬車燈；生活是一圈光輪，一只半透明的外殼，我們的意識自始自終被它包圍著。」❻小說家的任務應該是表現多變的、陌生的、難以界說的內在精神。英國小說必須把重心從「物質主義」轉移到「精神主義」上。

（二）〈當代文學印象〉

　　〈當代文學印象〉繼續延伸了維吉尼亞在
〈現代小說〉中的觀點。維吉尼亞立足於當代
文學現實，從批評家對同一部作品眾口不一的
評價上立論，提出了自己的文學主張。她認
為，二十世紀的批評家已經陷入進退維谷的困
境，現代社會生活和文學觀念的巨大變化使他
們很難像往昔那種，對二十世紀的新作品作出
一錘定音的準確評價，甚至出現了褒貶之間出
入很大。造成這種局面的原因很多，其中很重
要的一點是對文學創作自身的認識。當代文學
沒有出現昔日那種紀念碑式的作品，只有一些
精彩的「斷章殘篇」能夠流傳後世，但它們可
以發揮鋪墊的作用，為未來的巨著傑作作準
備。這種看法頗有見地。

（三）〈狹窄的藝術之橋〉

　　〈狹窄的藝術之橋〉（"The Narrow Bridge
of Art"）再次充分展現了維吉尼亞敏銳的洞察

力和深遠的見解。審視英國古今文壇，吳爾芙覺察到，時代變了，過去的文學傳統不能適應今日的現實生活。她指出，現代生活極為複雜，「人與人之間互相聯合的所有紐帶似乎都已經斷裂」。❼由於龜縮在封閉的家中，依靠廣播電台與外界保持聯繫，現代人越來越謹小慎微、遮遮掩掩、滿腹狐疑，失去了人與人之間的信任感。對現代人而言，

> 過去一貫是單獨地、孤立地發生的各種感覺，現在已經不復如此了。美和醜，興趣和厭惡，喜悅和痛苦都相互滲透。過去總是完整地進入心靈的各種情緒，如今在門檻上就裂成了碎片。❽

在這種彷徨懷疑和內心衝突的氣氛中寫作，詩歌、戲劇作為表達感情的管道變得狹窄了，傳統的小說形式也不夠用了。為了反映現代心靈混合著各種不協調因素的特徵，未來的小說應該把詩與散文融合，表現生活的嘲諷、矛盾、疑問、封閉、複雜等等屬性。

它將從生活後退一步，站得更遠一點。它
將會像詩歌一樣，只提供生活的輪廓，而
不是它的細節。它將很少使用作為小說的
標誌之一的那種令人驚異的寫實能力。❾

這是維吉尼亞在二十世紀二〇年代對未來文學
發展的預言。

（四）〈班奈特先生和布朗太太〉

〈班奈特先生和布朗太太〉（"Mr. Bennett
and Mrs. Brown"）重點討論了小說的人物刻劃
問題。維吉尼亞認爲，所有的小說都是寫人物
的，而創造人物，關鍵要會判斷其性格並抓住
其性格的變化。維吉尼亞以假想的布朗太太爲
例，生動地說明了人物指什麼，性格是什麼，
並揭示出每個人物的性格變化與時代的變遷及
社會關係的變遷之間的關係。她反對甚至嘲笑
傳統的寫人物講故事的方法，強調作家應該對
通常在人物接觸中產生的各種雜亂的印象、感
情和想法作出取捨，創造出鮮明的、盡可能完

美的形象。

二、作家作品評論

　　在維吉尼亞的整個隨筆寫作中，作家作品論占有較大的比重，涉及到的作家數量驚人，言及的作品難以記數，其中對女作家及其作品的論述占相當比例。這類隨筆是維吉尼亞在大量閱讀的基礎上寫下的隨感，文字簡短流暢，生動有趣，散發出濃濃的書香。維吉尼亞在兩本隨筆集《普通讀者》的開頭，提請讀者注意十八世紀英國作家約翰生的話：

　　　　能與普通讀者的意見不謀而合，在我是高興的事；因為，在決定詩歌榮譽的權利時，儘管高雅的敏感和學術教條也起著作用，但一般來說應該根據那未受文學偏見污損的普通讀者的常識。❿

她向讀者表明，她是從普通讀者的角度出發，
而非從一個學者或批評家的角度出發，談自己
的讀書心得，愉悅自己和讀者，因此，她的批
評特別真切、深刻，從形象化的細節到高度抽
象的概括，生動活潑，別具一格。

（一）〈論笛福〉、〈珍·奧斯汀〉、〈《簡·愛》與《咆哮山莊》〉、〈托馬斯·哈代的小說〉

在〈論笛福〉、〈珍·奧斯汀〉、〈《簡·
愛》與《咆哮山莊》〉、〈托馬斯·哈代的小說〉
等一系列文章中，維吉尼亞對涉及的小說家的
評價簡潔而明朗。笛福是給「小說家定型」並
推動其發展的創始人之一，他理解人性最持久
的因素；珍·奧斯汀（Jane Austen）是「女性
中最完美的藝術家」，她把日常瑣事寫得饒有
風趣，文筆流暢自如、精巧細膩；夏洛蒂·勃
朗黛（Charlotte Brontë）是個很有個性的女作
家，愛恨分明，她的小說帶有其作為女性的個
人心理的印記；詩人小說家艾蜜莉的作品超出

了「自我」，反映了她內心的力量和抱負，她
的小說人物大都是超現實的；托馬斯‧哈代被
稱爲「英國小說家中最偉大的悲劇家」，他的
威塞克斯小說情節劇烈而曲折，人物形象鮮
明，並且他們的經歷和結局揭示了人類的命運
和大自然的關係；E. M.福斯特具有多種天
賦，他的作品記敘了現實和假象、眞理和謊
言、重要事物和非重要事物之間的鬥爭；D.
H.勞倫斯是個不受傳統約束的現代作家，他以
「先知、神秘的性欲理論的闡述者」著稱，其
代表作《兒子與情人》給人一種新奇的感覺…
…維吉尼亞的評論令人聯想起十八世紀小說的
興起、十九世紀小說的大繁榮和二十世紀早期
小說發展的特點。此外，她還撰文讚揚了俄國
的契訶夫、杜斯妥也夫斯基、托爾斯泰，法國
的普魯斯特和美國的亨利‧詹姆斯。

（二）〈多蘿西·奧斯本的《書信集》〉、〈談談
　　伊夫林〉、〈感傷的旅行〉、〈德·昆西
　　的自傳〉

　　在〈多蘿西·奧斯本的《書信集》〉、〈談
談伊夫林〉、〈感傷的旅行〉、〈德·昆西的自
傳〉等文中，維吉尼亞把目光轉向書信、日
記、遊記及傳記的作者和作品。維吉尼亞說，
多蘿西把自己的個性融入書信中，「既認眞又
調皮、既鄭重又親暱地進行著生活的記錄」，
⓫在她的筆下，形成了一個完美生動、人物眾
多、熱鬧非凡的世界，表現出她的智慧和才
能。她的《書信集》無疑給草創之際乾巴巴的
幾條筋似的書信隨筆注入了活力。至於伊夫林
的日記，與同時代的佩皮斯的日記相比，可讀
性與文學性都略遜一籌。她指出，優秀的日記
作者只能爲自己一個人或非常遙遠的後代寫
作，因而日記不必講究寫作技巧，只要忠實地
記錄自己的行爲和感受。談到斯特恩的遊記
〈感傷的旅行〉，她欣賞他不顧文理、句法、情

理、常規，從生活出發而不是從文學出發來寫
作，驚歎「他的文字彷彿能精確無比地潛入到
個人心靈的重重起伏和褶皺之中，傳達出它那
變化萬端的情愫，描摹出它那極其微妙的奇想
和衝動，寫出來的東西與那一切分毫無差、頭
緒井然」。⑫她評論沈湎於鴉片的德·昆西，
覺得他一方面孤獨而耽於幻想，一方面又拘於
常規。他的自傳囉嗦冗長，好在他能表達某些
神秘的莊嚴情感，分析人的自我意識。總之，
維吉尼亞涉獵的範圍非常之廣。

　　維吉尼亞寫的這類隨筆絲毫不像當今某些
外國批評家的文章那樣晦澀，她喜歡把作家的
傳記材料連同自己讀他們作品獲得的印象融化
在一起，爲讀者渲染、描繪出作家們栩栩如生
的肖像，趣味盎然。例如，她在〈多蘿西·奧
斯本的《書信集》〉中，就重塑了一個活生生
的多蘿西·奧斯本：

　　　她的脾氣有點兒懶。她漫不經心地看了一
　　大批法國傳奇小說。她在公共荒地上遊

逛，聽擠奶姑娘唱歌；她在花園裡一條小
河邊散步，然後，「坐了下來，真希望你
能和我在一起。」她在別人面前常常默不
作聲，一個人對著爐火冥想，別人談起了
飛行，才把她驚醒，但她一開口就把她哥
哥逗笑了——她問他們剛才談到飛行究竟
說了些什麼？因為，她自己也在想：要是
她能飛，她就能跟鄧普爾在一起了。嚴
肅、憂鬱是她的天性。她母親常說她平時
的那種神氣好像親戚朋友都死光了似的。
她總有一種受無情命運壓迫之感，以及萬
事虛空、努力無益之感。⓭

維吉尼亞寫得如此生動活潑，難怪有人說她
「使文學評論採取了小說的形式」。

三、生活印象式隨筆

不過，最能體現維吉尼亞隨筆個性的是她的生活印象式隨筆，如〈夜行記〉、〈倫敦街頭歷險記〉、〈飛越倫敦〉、〈太陽和魚〉、〈蛾之死〉、〈笑的價值〉等等。這類隨筆寫景詠物，抒情言志，顯示了維吉尼亞廣博的知識、機敏的感受力、不同凡俗的趣味和濃烈的感情，字裡行間充溢著水與酒般清純的氣息，具有一種神奇的穿透力，給人一種說不盡的藝術享受。下面僅以〈夜行記〉和〈笑的價值〉為例，讓我們感受一下這類隨筆的魅力。

(一)〈夜行記〉

〈夜行記〉生動地描寫了夜色中的道路、行人和村莊。夜幕降臨後，「連腳下的白色路面都像霧氣似地浮動起來，我們不得不一步一

探地朝前走，彷彿要用腳來試試是否踩著了實
地。一個人影落到後面幾碼遠處，晃了兩晃，
然後消失得蹤影全無，就像被夜的黑水吞沒
了，而他的聲音，聽起來也像從萬丈深淵下傳
來的一樣。」夜行中，「一陣陣，我們沈默無
言。這時，你身邊走著的那個人影似乎在夜色
中失去了存在。只有你孑然一身踽踽而行，你
感受到四周的黑暗咄咄逼人的壓力，感受到你
抗拒這重壓的力量在逐漸減弱，感受到，你那
副在地上往前移動的軀體與你的精神分離為
二，而精神則飄飄搖搖離你遠去，好似暈厥了
一般。」見到亮光時，「我們竟需要自覺地費
一番力才可意識到它們的存在。」途中遇到運
貨車時，「驟然，我們身邊燃起了一團光，就
在我們看到它的一剎那，也聽到了車輪的軋軋
聲，眼前閃現了運貨車的形象。只一瞬間，亮
光不見了，輪聲啞了；我們的話語聲再也達不
到那人耳中。」終於，「數點亮光再度出現在
我們身旁，宛如船隻的燈光遊動在海上。它們
以無聲的腳步向我們靠攏——這正是我們在山

頂上看到的那些燈光。這村莊是靜穆的，但並沒有沈睡，它彷彿在瞪大了眼睛躺著，同黑暗作頑強的搏鬥。我們可以分辨出背靠屋牆的人形，這些人顯然是被近在窗外的夜的重負壓得難以成眠，只好來到屋外，把雙臂伸進夜空。在四周廣闊無垠的暗濤的包圍中，這些燈盞的光芒顯得多麼微弱啊！飄零在無際汪洋中的一隻船，堪稱孤獨之物，然而碇泊在荒涼大地上、面對深不可測的黑暗之洋的這座小小村落，卻尤為孤獨。」 最後，作者筆鋒一轉，發出了自己的感慨：黑夜中隱藏著無與倫比的美和寧靜。⓮

（二）〈笑的價值〉

〈笑的價值〉則是作者圍繞「笑」這個話題展開的議論，它體現了作者的睿智。「笑」對大多數人是一件極平常的事，有時，「笑」會顯得傻氣和輕佻，不攜帶資訊，不提供知識。但作者認為：

笑這種東西，比其他任何東西都更能幫助
我們保持平衡感；它時時都在提醒著：我
們不過是人，而人，既不會是完美的英
雄，也不會是十足的惡棍。一旦我們忘卻
了笑，看人看事就會不成比例，失去現實
感。……男人和女人，在文明的水準上恰
恰夠一定的高度，有資格被委以理解自己
的弱點的能力，並且被賦予嘲弄這些弱點
的才具。然而我們，由於受到一大堆生硬
笨重的知識的壓迫，現在面臨著喪失這種
寶貴特權，或者把它從胸中擠出去的危
險。

文章最後出人意料地提出：

婦女和兒童，是喜劇精神的主要執行者，
這是因為，他們的眼睛沒有被學識的雲翳
所遮蔽，他們的大腦也沒有因塞滿書本理
論而窒息，因而人和事依舊保存著原有的
清晰輪廓。我們現代生活中所有那些生長
過速的醜惡的贅疣，那些華而不實的矯

飾，世俗因襲的正統，枯燥乏味的虛套，
最害怕不過的就是笑的閃光，它有如閃
電，灼得它們乾癟蜷縮起來，露出了光森
森的骨骸。正因為孩子們的笑具有這樣的
特性，那些自慚虛偽不實的人才懼怕孩
子；或許也正是由於同樣的原因，在以學
識見長的行當裡，婦女們才遭人白眼相
待。⓯

　　維吉尼亞‧吳爾芙的隨筆，無論哪種類
型，都蘊藏著豐富的內涵，具有獨特的風格，
因而深深吸引著讀者，為作者贏得了廣泛而持
久的榮譽。

註釋

❶伍厚愷、王曉路譯，〈現代隨筆〉，《伍爾芙隨筆》，
　成都：四川人民出版社，1998，頁18。
❷同註❶，頁18-19。
❸同註❶，頁21。
❹同註❶，頁32。
❺同註❶，頁33。
❻劉炳善編，《伍爾夫散文》，中國廣播電視出版社，
　2000，頁87。
❼同註❻，頁432。
❽同註❻，頁438。
❾同註❻，頁440。
❿同註❻，頁3。
⓫同註❻，頁187。
⓬同註❻，頁209。
⓭同註❻，頁189。
⓮同註❻，頁393-395。
⓯同註❻，頁385-388。

第三篇

思想

維吉尼亞‧吳爾芙不僅是一位技藝精湛的作家，還是一位深謀遠慮的女性主義先驅。她號召婦女「殺死房間裡的天使」，走出家庭，爭取和男子平等的教育、就業、參政權利，擺脫父權制價值體系的束縛，以「男權社會局外人」的身分重新審視人類生活的各個領域，透過「回憶我們的母親」發掘女性傳統，重構女性主義歷史和文學。然而，她最終提倡的並不是男女兩性的二元對立，而是「雌雄同體」或者說兩性和諧統一的境界。

第八章
殺死房間裡的天使

維吉尼亞‧吳爾芙作為一名女性作家，一直以女性特有的直覺、細膩和機敏密切注視著婦女的辛酸歷史和不平等的社會地位，她在文本中閱讀婦女，思考婦女，書寫婦女，呼喚婦女。

婦女受男子壓迫在人類歷史上由來已久。英國維多利亞女王登基時，所有的英國婦女，無論出生於哪個階級，在法律上的地位都等同於男性罪犯、瘋子和未成年人。根據當時的習慣法，已婚婦女幾乎喪失了一切公民權，不能控制自己的勞動所得，不能選擇自己的住所，不能管理合法繼承的財產，不能簽署文書，也不能作證。她的一切都由作為她的法律監護人的丈夫全權代表，用法律上的話說就是「丈夫和妻子是一個人，那個人就是丈夫」。丈夫擁有並控制著妻子的一切。至於單身婦女，除了擁有自己的財產外，並不比已婚婦女的處境好一點。英國工業革命後，男尊女卑的觀念興盛至極，女王雖然身為女性，卻囿於傳統習俗，推波助瀾。當時，英國中產階級男子普遍把一

個閒居家中的妻子視為自己事業成功的標記
——表明他掙的錢，足以獨立維持一家人的舒
適生活，讓婦女外出謀生會毀了他們的體面。
他們在家裡僱傭僕人，要求妻子效仿上層社會
的貴婦，形象美麗，舉止端莊，略通常識。結
果英國維多利亞時代中產階級婦女成了俯仰由
人的木偶。她們不得不待在家中，終生依靠男
人——父親、丈夫、兄弟和兒子。結婚是她們
唯一的歸宿，從孩提時起，她們所受的教育重
點都在於如何贏得一名男子的歡心，使他娶自
己為妻。因此，唱歌、跳舞、彈琴、繪畫是她
們學習的主要科目，偶爾學一點歷史、地理、
語法、算術方面的知識，不過用作點綴裝飾以
抬高身價罷了。對她們而言，關鍵要學會提高
自身的天然魅力和懂得保持含蓄、謹慎、貞
節、節儉的美德。她們不能有真才實學，否則
會嫁不出去，成為家人抨擊和挖苦的對象，被
社會冷落和歧視。丈夫需要她們扮演的角色只
是漂亮的家庭擺設、高級僕人、忠實聽眾和絕
對服從者。

　　維吉尼亞・吳爾芙誕生於維多利亞晚期，那時英國社會普遍推崇的婦女形象仍然是「房間裡的天使」，就像維吉尼亞的母親茱莉亞和姐姐斯特拉那樣，善良、純潔、聰明、優雅、樂於犧牲、樂於奉承丈夫、服從丈夫。維吉尼亞家的常客、著名的文藝評論家和社會改革家約翰・羅斯金在其名篇《王后的花園》裡，對婦女提出的要求是：

> 她們必須永遠善良，不墮落；她們必須直覺地聰明，不犯錯誤——她們的聰明，不是為了自我發展，而是為了自我犧牲；她們不能因為聰明便可以凌駕於丈夫之上，而由於聰明，絕不至於疏遠自己的丈夫。她們的聰明並不包含無情的傲慢所具有的狹隘，而是包含由於不斷提供而不斷變化的謙遜服務所表現出來的、深情的優雅風度……。❶

「男主外，女主內」的模式，在英國著名的詩人丁尼生1847年所作的一首詩〈公主〉中也得

到印證：

> 男人在田間勞作，女人在家中操持；男人
> 弄刀舞槍，女人縫製衣裳；男人用腦思
> 考，女人用心體諒；男人發號施令，女人
> 惟命是聽；若不是這樣，一切都將陷入混
> 亂。❷

我們業已知道，維吉尼亞·吳爾芙生長在
一個標準的維多利亞式家庭，父親在家中的權
威和母親對父親的屈從，都給維吉尼亞留下了
深刻的印象。她一生都對父母沒有給予自己和
兄弟同等的教育機會耿耿於懷。早年異父兄弟
強加給她的性屈辱體驗，又使她特別突出地感
到，承受來自男性的凌辱和性壓迫是女性千百
年來共同的不幸命運。她在敘述受傑拉爾德的
猥褻時，說自己當時曾感到難以言說的憤怒和
厭惡，並指出：

> 它表明維吉尼亞·史蒂芬不是生於1882年
> 1月25日，而是生在好幾千年以前；她從

一開始就不得不遭遇到往昔萬千女性祖先
們業已獲得的本能。❸

父母去世後，異父兄弟喬治‧達克沃思希望她
攀附豪門，積極地把她推向婚姻市場，再次使
她親身感受到父權制社會中，男性對女性的強
權統治和壓迫以及他們的傲慢和虛榮，她很自
然地形成了一種強烈的反叛意識。

當時，英國女性反抗男性強權壓迫的鬥爭
正日益高漲。從十九世紀中期起，英國中產階
級婦女爲爭取平等的教育權、婚姻立法權、就
業權和參政權進行了長期不屈不饒的鬥爭，掀
起了世界女性主義運動的第一次浪潮。維吉尼
亞的姑媽卡羅琳‧愛米麗亞‧史蒂芬和異母姐
姐勞拉的親姨媽安妮‧伊莎貝拉‧薩克雷等女
性親友都是女性主義的積極支持者，她們堅韌
不屈地抗拒男性主義思想，使維吉尼亞受到巨
大鼓舞，更堅定了反男權的信念。她閱讀《答
柏克》、《女權辯護論》等女性主義經典，從
中也獲益匪淺，進而迸發出女性主義的思想火

花。

　　到二十世紀初，英國婦女已經在婚姻、財產、教育方面獲得一些基本權利，她們的社會地位得到明顯改善，基本擁有了獨立生活的自由。在這樣的氛圍下，年輕的維吉尼亞於1905年開始了自立自強的新生活，從中得到許多新的啓示。她靠給報刊撰稿和發表小說獲取了一定收入，後來姑媽卡羅琳‧愛米麗亞又在1909年留給她二千五百鎊遺產，使她享受到經濟獨立和思想自由的快樂。霍加斯出版社的創辦和成功則使她進一步體會到擁有物質基礎和精神獨立的意義多麼重大。維吉尼亞的女性主義思想因此得到進一步發展，並日趨成熟。

　　在〈婦女的職業〉一文中，維吉尼亞號召廣大婦女：「殺死房間裡的天使」，擺脫維多利亞時代的婦女觀，這可以視爲她的女性主義思想的出發點。她繼承以瑪麗‧沃斯通克拉夫特爲代表的自由主義女性主義女前輩們的思想，對女性屈從於男性的社會歷史事實進行批判，認爲婦女和男子生來並沒有差別，只是由

於不同的教育才造成兩性後天的差異，她主張
男女應該享有同等的政治、經濟、法律地位，
擁有同樣的教育、就業、參政權利。

　　1920年10月9日，維吉尼亞在《新政治家》
（*New Statesman*）雜誌上發表題為〈論婦女的
智力地位〉一文，批駁那種認為「婦女的智力
低於男子」、「不管多少教育和行動自由都不
能改變之」的謬論。維吉尼亞質問：為什麼十
七世紀湧現的傑出婦女比十六世紀多，十八世
紀湧現的傑出婦女比十七世紀多，而十九世紀
湧現的傑出婦女是前三個世紀的總和？她說：

> 我認為，婦女智力的提高不僅是明顯的，
> 而且是巨大的……教育和自由的影響一點
> 也不誇張。❹

　　她在〈女性和小說〉（"Women and Fiction"）
一文中明確指出，十六世紀英國文學史上之所
以沒有出現女詩人，根本原因在於女性的社會
地位十分低下，她們缺少教育，缺少金錢，缺
少獨立，沒有條件也不可能創作詩歌。即使在

十九世紀，

> 珍‧奧斯汀只能在客廳裡寫作，喬治‧艾
> 略特要扔下寫作的東西去護理自己的父
> 親，而夏洛蒂‧勃朗黛則要放下筆去削馬
> 鈴薯。❺

1929年，她在其女性主義名著《自己的房間》
開頭，又描述了一個女性在一所大學圖書館的
遭遇：她興沖沖來到「牛橋」大學圖書館，沒
想到碰了一個釘子。一位不以為然的鬚髮如銀
的慈祥老先生，像守護天使一般擋住去路，不
過鼓動的是黑袍子而不是白翅膀。他一面揮手
請來客後退，一面低聲道歉說，牛橋的規矩是
凡是女士，非得有一位本學院的研究生陪同，
或是帶有介紹信，方准進入這個圖書館。

　　女性長期被剝奪了與男子平等的教育權
利，這必然影響著她們的身心發展，使她們難
以獨立謀生，難以獲得思想自由，相反卻使男
性更加自傲，從而更加劇其奴役女性的程度。
維吉尼亞在《自己的房間》中，精闢地分析

說：

> 千百年來，女人一直被用做鏡子，那鏡子
> 具有把男人的外形以其自然大小的兩倍的
> 方式給照出來的似魔術而又令人愉快的力
> 量。倘若沒有那種力量，地球就會仍然是
> 沼澤和叢林，我們所有的戰爭的光榮就會
> 無人知曉，……那就是為什麼拿破崙和墨
> 索里尼兩人都如此強調地認為女人低劣，
> 因為如果女人不低劣的話，他們也就「不
> 能再自我擴張了」。這也在某種程度上有
> 助於說明，為什麼男人常常需要女人。而
> 且這也有助於說明，在女人的批評下男人
> 是多麼焦躁不安。❻

因此，維吉尼亞要求女子和男子接受同等的教
育，打碎男人妄自尊大的迷夢。

維吉尼亞不僅重視女性教育的問題，更重
視女性貧窮的問題。她在《自己的房間》裡還
提出：為什麼男人喝酒女人喝水？為什麼這一
性那麼富足那一性那麼貧乏？為什麼塞登夫人

和她的母親以及她母親的母親不可能去賺錢？
在她看來，這是因爲長期以來法律沒有給予婦
女應有的權利去保護她們所賺的錢，她們連同
自己的一切都是丈夫的財產，直到十九世紀快
結束時，婦女才取得了財產權。婦女一直被束
縛在家裡生兒育女，侍候丈夫，操持家務，卻
沒有分文的報酬。即使迫於生計不得不去工廠
勞動的英國工人階級婦女，除了受工廠主的剝
削和壓迫外，還要忍受丈夫的奴役。英國婦女
爲獲得經濟獨立進行了長期不懈的鬥爭，好不
容易才逐步獲得法律的支援。1919年英國議會
終於通過了向婦女打開職業大門的法案。

　　維吉尼亞認爲婦女的經濟獨立意義極其重
大。在1938年出版的另一部女性主義著作《三
枚金幣》中，她寫到，近二十年來，

　　　　每個錢包裡都有了或可能有了一枚亮亮的
　　　　六便士硬幣，它的光芒使每一個想法、每
　　　　一眼注視、每一次行動看上去都有了不
　　　　同。隨著歲月的流逝，二十年的時間並不

長，六便士一點也不算值錢，我們也不能
依靠傳記給我們提供一幅新六便士擁有人
的生活和思想圖景。但在想像中，我們可
以看到受過教育的人的女兒，從私宅的陰
影裡走出，站在連接新舊兩個世界的橋
上，手裡轉動著那枚神聖的硬幣，問道：
「我將用它做什麼呢？有了它我看到了什
麼？」透過硬幣的光澤，一切在她眼中都
發生了變化——男人和女人，汽車和教
堂。就連實際表面凹凸不平的月亮在她眼
中也成了一個銀色的六便士，一個貞潔的
六便士，她在這樣一座聖壇上發誓，不再
加入受奴役受剝削的隊伍，她可以用她自
己雙手掙的六便士幹她愛幹的任何事。…
…她不再需要用她的魅力從父兄那兒獲得
金錢，由於她的家庭不再能從經濟上處罰
她，她可以自由地發表自己的意見，可以
宣布她自己的好惡而不必像以前那樣常常
無意地在金錢需要的驅使下表示尊敬和憎
惡。總之，她不需要勉強同意，她可以批

評，最終擁有了一種公正的影響。❼

　　曾經有人宣稱，女人對男人的影響力一直
是且總應該是，一種間接的影響力。男人喜歡
按自己的意願行事，即使他事實上採納了女人
的意見。聰明的女人總是讓他覺得在表現自
我，即使事實並非如此。維吉尼亞說，如果這
就是婦女影響力的本質，那麼我們多數婦女寧
願站到皮卡得里廣場去做妓女也不願這麼做。
她幽默地諷刺道：

　　我們不能否認有女人影響過政治，如著名
　　的德文郡公爵夫人、帕莫斯頓夫人、墨爾
　　本夫人等。在政治回憶錄裡，她們家的聚
　　會如此重要，緊緊聯繫著英國的政治和戰
　　爭。但是所有這類回憶中有一個共同的特
　　徵：每一頁上都跳動著皮特、福克斯、柏
　　克、皮爾、帕莫斯頓、狄斯雷里、格拉斯
　　頓這些名字，卻不能在迎賓的樓梯口或房
　　子的私室裡找到這些受過教育的男人的女
　　兒們。大概她們缺少魅力、智慧或太卑

微，或衣著不當？反正翻過一頁又一頁，
一本又一本，上面寫著她們的兄弟和丈夫
的名字，如謝爾丹、馬考萊、馬諾德、卡
萊爾，卻沒有珍・奧斯汀、夏洛蒂・勃朗
黛和喬治・艾略特的名字。雖然卡萊爾夫
人出席了聚會，看上去她也顯得很不自
在。❽

對於少數英國貴族婦女依靠其身分、財產和顯
赫的家族背景給男人施加一些間接的影響，維
吉尼亞根本不屑一顧。她追求的是每個女性公
民眞正獨立的政治權利。

　　維吉尼亞參加了1910年英國婦女爭取選舉
權的運動，並在1916年至1920年間，經常組織
「婦女合作公會」（The Women Co-operative
Guild）成員在自己的寓所開展活動，交流意
見。在英國婦女不懈的努力下，第一次世界大
戰後，她們終於獲得了參政權。從此，越來越
多的婦女走出家庭，走向社會，在工廠、學
校、辦公室找到了自己的一席之地，開始獲得

經濟獨立和精神獨立。但是，二十世紀二〇年
代後，婦女領袖普遍被選舉權運動的勝利沖昏
了頭腦，婦女運動因此迷失了奮鬥的方向，而
隨後的經濟大蕭條與第二次世界大戰又使女性
主義運動的步調趨緩。婦女運動一度陷入停滯
期。在這樣的情況下，維吉尼亞‧吳爾芙卻保
持了清醒的頭腦，一刻也沒有停止女權的呼
喚。她迅速地把目光投向新的問題，曾先後到
「婦女合作公會」、「婦女聯合服務會」（The
National Society for Women' Service），劍橋的
紐南姆女子學院和戈登女子學院，就婦女問題
作了精彩的演講，並分別於1929和1938年發表
女性主義著述《自己的房間》和《三枚金
幣》。

　　在《三枚金幣》中，維吉尼亞明確闡述
到，婦女在獲得參政權和就業權後，並沒有真
正和男子完全平等。實際上，各部門居高位、
領高薪的都是男人，而很少是女人。造成這種
局面的原因很多。其一，供職於內政部管理階
層的人絕大多數都畢業於牛津或劍橋大學，而

這些大學都嚴格限制招收女生，能在其中接受
教育的女性數目真是微乎其微。其二，家庭仍
然是女性關注的焦點，在家照看老人孩子的女
性遠遠多於男性，女性很少有機會像兄弟那樣
去參加公務員考試。其三，女性參加考試的歷
史不過六十年，而男性則有五百年，能順利過
關的男性遠遠多於女性。其四，對於婦女來
說，職位的升遷從來就不是個人能力大小、表
現優劣所簡單決定的，其中滲透了男性對婦女
的歧視。很多男人根本不贊成女性進入公眾領
域，特別是一次大戰後，男人再次企圖讓婦女
退回到家裡，做房間裡的天使……維吉尼亞援
引了兩段當時英國和德國的報刊文字，英國報
刊上寫著：「家才是女人真正的位置所在，而
她們現在逼得男人無所事事。政府應該堅持讓
雇主把工作留給更多的男人以便他們去娶現在
不能接近的女人。」德國報刊上寫著：「一個
民族的生活中有兩個世界，男人的世界和女人
的世界。大自然十分恰當地把負責家庭和民族
的任務交給了男人。女人的世界是她的家庭、

丈夫、孩子和居所。」維吉尼亞認為，男人對
婦女的暴政在英國和法西斯德國並沒有什麼區
別，它實際是一切法西斯獨裁的序曲。她一針
見血地指出：

> 先生們關心的是他們自己的工資和安全。
> ……他們現在把世界分成了兩部分：公眾
> 領域和私人領域。受過教育的人的兒子們
> 在公眾領域做公務員、法官、士兵，獲取
> 應得的報酬；受過教育的人的女兒們在私
> 人領域做妻子、母親、女兒，沒有任何報
> 酬。難道做妻子、母親、女兒，對民族就
> 不值錢嗎？❾

針對婦女工資普遍低於男子的現實，維吉尼亞
提出了爭取男女同工同酬的主張。她在《三枚
金幣》中，批駁了所謂夫妻共用一個錢包、男
人由於要養妻子工資才高於女人的謬論。她質
問道：單身漢的工資是不是應該和未婚女子的
工資一樣？妻子真的可以根據自己的需要分享
那一半落在丈夫手裡的工資嗎？顯然，事實並

非如此。大筆的錢被花在支付黨派基金、板球
和足球等運動開銷上，還有各種拒絕女性參加
的俱樂部和各種女性並不能享受的開銷上，如
煙酒等，女性的實際需要總是被家庭的衣食住
行開銷所擠兌了。她們的丈夫可以給培養他們
的學院捐助大筆資金，而她們的女子學院卻非
常貧窮。

　　維吉尼亞甚至提出一個大膽的設想：由國
家法定地支付婦女生兒育女的報酬。她認為，

> 如果你的妻子為她那生兒育女的工作得到
> 真正的貨幣報酬，她的工作就會成為有吸
> 引力的職業，不再像現在這樣，由於沒有
> 報酬、沒有養老金而不穩定、不體面，同
> 時，你所受的奴役也會減輕。你不再需要
> 九點半去辦公室一直待到六點。工作會被
> 均攤。❿

這樣，男人不再疲於工作，不再肩負沈重的社
會壓力，沈迷於慰籍，需要娛樂，需要女人撫
慰他在外面闖蕩所受的創傷。男人也將因此獲

得解放，成爲完整的人。

　　維吉尼亞不愧是一位出類拔萃的女性，她遠在二十世紀三〇年代末就已經先於六〇年代的新女性主義者，認識到：一張選票和一份薪水微薄的工作並不代表「眞正的獨立」。基於自己的親身體驗，從婦女是和男子平等的人的角度出發，維吉尼亞首先要求「殺死房間裡的天使」，讓女性和男性同樣進入社會公共領域，平等享有教育、就業等權利。她強調：獨立，對一個女人來說乃是第一需要。只有當婦女走出家庭，取得經濟獨立，才能保存自我，實現自我，不再做丈夫的附庸。不過，維吉尼亞並沒有以此作爲婦女解放的全部內容，而僅把它當作婦女解放的第一步。維吉尼亞敏銳的察覺到，歷史造就的男女之間的差別並不只是一些法律條文的修訂所能立刻改變的，婦女要徹底獲得解放還必須積極挑戰千百年來根深柢固的男權社會的體制，擺脫男權文化思想體系的內在化束縛，確立女性的自我身分、特質和話語，其任重而道遠。

註釋

❶轉引自里爾赫特選編，《說不盡的女人》（外國篇），廣東人民出版社，1994，頁338。

❷轉引自凱特·米利特，宋文偉譯，《性政治》，江蘇人民出版社，2000，頁101。

❸Jeanne Schulkind ed., *Virginia Woolf: Moments of Being* (Unpublished Autobiographical Writings) (New York and London: Harcourt Brace Jovanovich, 1976), p.69.

❹Michè le Barrett ed., *Virginia Woolf: Women and Writing* (New York and London: Harcourt Brace Jovanovich, 1980), p.56.

❺同註❹，p.46。

❻劉炳善編，《伍爾夫散文》，中國廣播電視出版社，2000，頁494。

❼Virginia Woolf, *Three Guineas* (New York: Harcourt, Brace and Company, 1938), pp.22-24.

❽同註❼，pp.19-20。

❾同註❼，p.80。

❿同註❼，pp.169-170。

第九章
男權社會的局外人

維吉尼亞‧吳爾芙稱得上是個走在時代前端的女性，遠遠領先於當今許多激進的女性主義者，她發現，父權制是支撐男性社會的中心支柱，它作為一種家庭一社會的、意識形態和政治的體系，使婦女處於屈從的地位，使男女兩性身心的健康發展都受到了壓抑，使人類文明受到了嚴重威脅，只有徹底推翻它，婦女才能真正獲得解放，人類才能真正獲得自由。維吉尼亞‧吳爾芙迅速瞄準了父權制這個批判的靶子。

在《自己的房間》裡，維吉尼亞寫道：「我無聊地在紙上畫了一個教授怒氣沖沖的樣子，……我讀了當天的一張報紙：某人在南非創了最高紀錄；奧斯汀‧張伯倫爵士正在日內瓦；在一個地窖裡發現一把切肉的斧子帶著人的頭髮；某某法官先生在離婚法庭上發表意見說婦女無恥；有人把一個電影女明星從加利佛尼亞一個山崖上用繩子吊下來，懸掛在半空中；近日天氣多霧……我想，就是在地球上棲息最短一段時間的一個旅客看了這張報紙，只

由這零碎的證據也絕不會看不出來英國是在一種族長制度的統治下的。沒有一個正常人會看不出來那位教授是占優勢的。他是權力，金錢，勢力。他是這張報紙的發行人，主筆，副主筆。他是外交部長，法官。他是板球隊隊員，他也養馬參加賽馬，還有一艘遊艇。他是那發給股東兩倍利息的公司董事。他留下幾百萬財產給他所管理過的慈善機關和大學。他把女明星吊在半空。他將決定那斧子上的毛是不是人的，他將去開釋那個殺人犯或是定他的死罪，把他吊死或是放了。除了霧以外，他好像什麼都管。」❶原來人類社會生活的各個方面都在父權制男性統治者的控制之下，他們決定了婚姻、法律、教育、軍隊、議會、教會、君主制、貴族制、工商企業、法庭、慈善機構、政黨、各種職業，甚至社會改革和貧民福利團體等相互聯繫的腐朽的社會體制，女性處處被置於他們的統轄之下。

　　維吉尼亞勇敢地向父權制發起了攻擊。她指出：

那些族長們、教授們，他們也有無窮的困難、可怕的障礙需要對付。他們所受的教育在某方面說和我所受的教育一樣有缺陷。那種教育在他們身上產生了同樣巨大的毛病。固然，他們有錢有勢，可是得拿一隻鷹，兀鷹，藏在胸裡作代價。這兀鷹總是在撕裂肝臟，啄剝肺葉。那就是那占有的本能，那想獲得的瘋狂。這驅使他們永遠想要獲得別人的田地和貨物，驅使他們劃定疆界，製造旗幟，製造戰艦和毒氣，驅使他們犧牲自己的生命和他們兒女們的生命。❷

　　一般來說，維吉尼亞·吳爾芙給人的印象是一個象牙塔裡清高孤傲的精神貴族。她的丈夫雷納德就認為她是「最不具備政治性的動物」，她也宣稱過「寧要蝴蝶而不要牛虻──也就是說寧要藝術家而不要改革家」❸。長期以來，英國官方的版本確認她是一名精緻的文學家，對文學進行了革新，而從未將她視為勇

敢的社會政治改革家。其實，她的目光始終沒
有迴避過現實，她以其敏銳的洞察力透視社會
政治現狀，以自己獨特的方式拿起手中的筆與
英國父權政治、經濟、文化的價值體系對抗。
英國女性主義批評家簡‧馬爾庫思在〈回憶我
們的母親〉一文中，開篇就說：

> 寫作對於維吉尼亞‧吳爾芙來說，是一種
> 革命行為。她與英國父權文化及其資本主
> 義、帝國主義的表現形式和價值的隔閡是
> 如此巨大，以致她在落筆時充滿了恐懼和
> 決心。❹

　　事實上，維吉尼亞把婦女看作是「男權社
會的局外人」。她在《三枚金幣》中籲請男權
社會中受壓迫的女性們不要加入男性團體，而
應該建立自己的團體——「局外人」的團體。
她寫道：

> 「團體」（society）這個特別的字眼在記憶
> 中以刺耳的音符敲響了陰鬱的喪鐘：不可

以，不可以，不可以，妳們不可以學習；
妳們不可以賺錢；妳們不可以擁有；妳們
不可以——這就是許多世紀以來兄弟們對
姐妹們的團體關係。雖然樂觀主義的看法
是它可能在未來的新社會裡變成和諧美妙
的鐘樂，但畢竟我們離那一天還早著呢。
……我們不可避免地要問自己，在人們聚
合而形成團體的時候，是不是有某種東西
使個體的人釋放出了最自私、最殘暴、最
缺乏理性和人性的因素呢？我們不可避免
地會把這種團體——它對你們如此仁慈，
對我們卻如此粗暴——視為極不合適的歪
曲真理的組織形式；它扭曲了心靈；它束
縛了意志。我們不可避免地會將這些團體
視為陰謀，它們使我們許多女人本來有理
由予以尊重的兄弟墮落，使他變成惡性膨
脹的雄性惡魔，嗓門很高，拳頭很硬，孩
子氣地故意用粉筆在地上畫線，在那神秘
的界限內，人類被僵硬地、孤立地、人為
地囚禁著；在那兒，他被塗抹上紅色和金

色，用羽毛裝扮得像一個野蠻人，經歷種
種神秘的儀式並享受著權力和統治帶來的
曖昧不清的歡樂，而另一方面，我們，
「他的」女人們，卻被鎖在私人的房子
裡，不能參與到組成他的社會的那許多團
體中去。❺

　　維吉尼亞強調，男女不同的歷史境遇使得
他們之間即使在二十世紀仍然存在著巨大的差
別。

　　就說教育吧，男子在公學和大學裡受教
育，差不多有五、六百年的歷史，而婦女
在最近六十年才有這種待遇。再說財產問
題，英格蘭男子不必透過結婚就有權獲得
實際上所有的資產、土地、值錢的東西和
保護人身分。而英格蘭婦女不透過婚姻無
權獲得實際上任何資產、土地、值錢的東
西和保護人身分。這樣的差別對人的身心
都造成相當大的影響，任何心理學者或生
理學者都無法否認。由此可以看出這樣一

個無可辯駁的事實，即「我們」這個意味著身體、大腦和精神構成的、受記憶和傳統影響的這個整體，肯定仍然在一些基本方面不同於「你們」那個身體、大腦、精神受到不同教化並如此不同地受到記憶和傳統影響的整體。❻

女性千百年來一直被排除在政治、經濟、文化等公眾領域之外，禁錮在私人領域之中，她們不同與男性的生存方式必然使她們的價值觀與男人的截然不同。男人覺得無聊的事，女人可能會覺得十分有趣；女人欣賞的東西，男人可能會不屑一顧。男人愛足球等運動，女人愛逛街並熱衷時尚。男人為戰爭熱血沸騰，女人則愛好和平……。因此，男女之間確實存在著溝壑，女性絕不可以加入男性團體，「因為假如這樣做了的話，我們就會把我們的特性消融到你們的特性之中；會因循，重複那古老陳舊的常規慣例，並把它的溝槽刻得更深，社會現在就陷在這樣的溝槽裡，就像唱針被卡住了的一

架留聲機，正吱吱嘎嘎地發出難以忍受的單調的聲音……❼

　　從「局外人」的立場出發，維吉尼亞・吳爾芙堅決拒絕了劍橋等大學授予她的所有學術的或社會的榮譽。她在1935年4月9日的日記裡寫道：

> 聖殿的幕簾──我記不清它們是來自大學的還是大教堂的，是學術性的還是宗教性的──將要被揭開了，她將作為一個例外被允許登堂入室。不過，我們的文明是怎麼樣的呢？兩千年裡，我們默默地做了許多事情卻沒有得到相應的回報。你們現在賄賂不了我。用一桶垃圾？不行；我在深為欣賞這個榮譽的同時這樣說……❽

她不願讓自己被那個社會當作一個例外來利用：「這是一個徹底腐敗的社會…… · 我不會要它給我的任何東西。……任何東西也不能引誘我去默許這一切欺騙，它也不會給我帶來哪怕是私下的任何快樂。」❾維吉尼亞・吳爾芙

堅定不移地走自己的路，全然無視那個社會向
她施展的任何壓力。在1940年12月29日，也就
是自殺前不久，她仍在爲自己「越來越遠離等
級制和父權制」而自豪。❿

　　維吉尼亞以「局外人」的身分，冷眼旁觀
男性社會資本主義制度的混亂和帝國主義狂熱
的災難，不無道理地指出，它們都是男權政治
體制的產物，它們來源於男性對權勢的渴望和
財富的貪欲，對占有、鬥爭、廝殺的病態熱
情。正是它們給人類帶來了法西斯主義和世界
大戰這樣的浩劫。維吉尼亞分析到，在父權社
會中，男人的世界始終等級森嚴，它擁有一整
套儀式化象徵符號，代表著體制的異化作用。
例如，制服、肩章、綬帶、勳章、學位帽、禮
服長袍、儀式、典禮等等，無不把男人區分成
三六九等，讓男人爲維護自己的地位而互相爭
鬥，使男人的職業生涯中瀰漫著硝煙。結果男
人被鼓動在職業名利場上角逐，不惜耗費大量
的時間和金錢，不惜壓抑、僵化和毀滅人性。

他們使我們覺得在職業上非常成功的男性
都失去了感覺能力。他們無暇欣賞圖畫，
相當於喪失視覺；他們無暇聽音樂，相當
於喪失聽覺；他們無暇交談，相當於喪失
說話能力；他們失去了在事物之間作出均
衡判斷的感覺，喪失了人性；掙錢對他們
如此重要，他們不分晝夜地工作，喪失了
健康；他們太富於競爭，不願與人分擔工
作，儘管他們的事多得自己做不了。像這
樣失去視覺、聽覺和均衡感的人成了什
麼？只是洞裡的跛子。⓫

男人職業生涯的出路之一是戰爭，他們爲了某
種榮耀、某種需要、某種可能由戰爭帶來的滿
足感，竟然野蠻殺戮，以表現他們的陽剛特
質，獲取一種莫名的興奮與快感，完全置人類
文明的崩潰於不顧。

　　維吉尼亞聲稱，作爲男權社會「局外人」
的廣大婦女，她們並不分享男人對戰爭的狂熱
和對文明的破壞，她完全有理由對戰爭保持冷

漠，因為「她會發現自己沒有理由要請兄弟們
代表她保衛『我們的國家』。『我們的國家』，
她會說，『在它的歷史上大部分時間裡都把我
當成奴隸來對待；它不讓我受教育或分享它的
財產。甚至，假如我嫁給了外國人，『我們的』
國家便不再屬於我。『我們的』國家不讓我有
保護自己的手段，還強迫我年年付給別人很大
的一筆錢，讓他們來保護我，然而即使這樣，
它也沒有什麼能力來保護我，只好把『空襲預
備警報』寫在牆上。……局外人會說，『事實
上，作為一個女人，我的國家就是全世界』。」
⓬根據這個觀點，維吉尼亞在第二次世界大戰
前夕，號召廣大婦女對戰爭漠然處之：「約束
自己絕不參加任何愛國遊行；絕不贊成任何形
式的對本民族的自吹自擂；絕不充當任何鼓吹
戰爭的啦啦隊或觀眾席的成員；退出軍事展
覽、比武、表演、頒獎以及任何鼓動將『我們
的』文明或『我們的』統治強加於別人的儀式
典禮。」⓭

　　維吉尼亞把法西斯主義、戰爭和混亂很大

程度上歸因於父權制文化機制無可挽回的失
敗。她認為，文化本應該是對語言閱讀和寫作
的真正追求，它應該促使人們獲得一種以自己
的方式和自己的語言自由地談論、書寫和思考
的思想自由，而父權制文化機制恰恰扼殺了這
樣的文化和思想自由。在父權制社會中，文
學、音樂、美術事業的背後往往潛藏著金錢、
名利、權勢、虛榮等等動機，使真正的藝術被
扭曲。就拿報界來說，每家報紙都有一個董事
會資助，每個董事會都有自己的政策，僱傭的
作者必須接納其政策，否則就會被解雇，以致
這些人不得不出賣自己的大腦。維吉尼亞指
出：

> 出賣大腦比出賣身體更糟糕，身體的出賣
> 者在短暫的享樂後會小心讓事情就此結
> 束，而頭腦的出賣者在出賣了頭腦之後，
> 卻給世人留下了邪惡、墮落、後患，感
> 染、腐化其他人，在他們身上結出惡果。
> ⓮

父權制文化機制實際妨礙著人類的文明與進步，必須徹底改造。維吉尼亞因此號召廣大婦女：

> 不要訂閱鼓動思想奴役的報章；不要參加玷污文化的演講；因為我們都認為，在別人的指揮下寫自己不願意寫的東西就是受奴役，而在文化中滲入個人的影響或炫耀則是玷污文化。**⓯**

作為男性社會的局外人，婦女應該拒絕出版商、編輯、講稿代理人等的賄賂，拒絕榮譽、勳章、名位等等的誘惑，排除董事會、政策、編輯的壓力，隨時隨地直言不諱地發表自己的觀點，那才是眞正的「思想自由」。

維吉尼亞不斷提醒新時代的女性：

> 讓我們永遠不要停止思考——我們置身其中的文明是什麼？這些儀式是什麼？為什麼我們要參加？這些職業是什麼？為什麼我們要以此掙錢？簡言之，受過教育的男

人的隊伍將把我們引向何處。**⓰**

她相信，婦女現在比任何時候都有機會建造一個更好的嶄新世界，而如果盲目地模仿男人，就可惜了好機會。

維吉尼亞希望婦女將來能革除男權社會的弊病。她要求婦女一旦有機會同男子平等地進入各行各業，占據各種職位，實現同工同酬，必須擺脫職業男人的占有性、嫉妒心、自私和貪婪，避免走職業男子的舊路；要求她們淡薄名利，蔑視虛榮，反對一切所謂的忠誠，例如所謂民族、宗教、集體、家庭、性別等的虛假自豪感和忠心；要求她們牢記貧窮的歷史，在獲得獨立、健康、休閒和教育等身心發展所需要的金錢後，只為熱愛工作本身繼續工作，不圖謀多掙一分錢；要求她們保持純潔，如果能維持獨立生活，就堅決不出賣自己的大腦；要求她們改革教育，只追求知識本身，不講究招牌、學位，不推崇訓誡，擺脫炫耀和浮誇。學院將聯繫大眾，教授人際交流的技術，為完善

人類生活而探索人們身心合作的方法，而不是高高在上，鑽研支配別人、統治、殺戮或獲取土地與資本的技術……

顯而易見，維吉尼亞‧吳爾芙的思想比一般女性主義者深刻，遠遠超越了早期女性主義者那種醉心於從形式上對社會性別規範進行挑戰的模式。她曾在作品中嘲諷最初流行的女性主義者形象：梳著短髮，穿著燈籠褲，竭力模仿男人粗獷的舉止言行，抽煙、喝酒，以爲消除女性在服裝、髮式、行爲習慣等方面與男性的區別便消除了女性的社會劣勢地位。她認爲當時的女性主義者雖然致力於爭取婦女與男子平等的社會、經濟、政治權利，卻局限於以男性爲參照物，力圖進入男性獨占的社會，獲得男性所有的權利和成功，其視野並沒有突破男權社會的價值標準。因此，維吉尼亞曾經拒絕稱自己是「女性主義者」，表明自己對那個時代的女性主義觀並不完全認同。她清楚地意識到，女性必須跳出男權體制意識形態框架的制約，在爭取男女平權的鬥爭中，避免複製男性

中心社會的權力結構及其思想和語言，這樣才
能獲得眞正的解放，否則反而會蛻變並同化於
男權體制之中。

　　維吉尼亞認爲，雖然婦女的狀況在二十世
紀有了很大改善，傳統的父權制社會並沒有徹
底瓦解，它所賦予人們的舊觀念仍然根深柢
固，不斷影響著女性的生活。她在〈女性和小
說〉一文中寫道：長期以來，「常規的仲裁者
是男人，他們在生活中建立了一系列的價值秩
序」❼，男性的觀點已經滲透人類社會的各個
方面，支配著人們的生活，腐蝕著人們的靈
魂，甚至使許多婦女淪爲男權思想的附庸。房
間裡的天使「死得很艱難，她那虛構的性質對
她有著極大的幫助。要殺死一個幽靈遠比殺死
一個眞人更爲困難」。❽她呼籲廣大婦女以男
性社會的局外人身分重新審視人類生活的各個
領域，而不要輕易融入男性社會的現有秩序
中。這個觀點至今仍然具有特別重要的指導意
義。應該看到，即使今日世界中的父權制已不
再像過去的年代那樣透過強權和暴力迫使婦女

就範，婦女在接受和確立其性角色的過程中，仍然常常受到傳統的社會期望、風尚和人人矚目的婦女形象的慫恿和鼓勵，像受到條件反射的支配一樣選擇從屬的地位，維吉尼亞的告誡一點都不過時。

到二十世紀六〇、七〇年代，維吉尼亞的反父權制思想終於在新一代女性主義者那裡得到迴響。1970年，美國婦女凱特・米蕾（Kate Millett）的《性政治》（*Sexual Politics*）問世，被視為又一部女性主義的經典作品。它從社會的、心理的、經濟的、哲學的和文學的角度，具體分析了父權制對婦女的壓迫，進一步定義了父權制理論。它確認父權制是一種政治體制，是現存社會結構的基礎，深入影響了人們的思想習慣和生活方式。從此，女性主義運動開始突破政治、經濟、法律制度領域內爭取男女平權的活動，轉而指向文化、思想等一切領域對婦女的歧視。新女性主義者要求重新評價和認識婦女，要求徹底改變社會生活的各個方面，掀起了世界婦女運動的第二次浪潮。而

在半個世紀之前，維吉尼亞‧吳爾芙已邁出了
開拓者堅定的步伐。她審視父權制傳統歷史與
文化，早就推出了全新的女性主義歷史觀、文
學觀和美學觀。

註釋

❶劉炳善編，《伍爾夫散文》，中國廣播電視出版社，2000，頁492。

❷同註❶，頁497。

❸Michè le Barrett ed., *Virginia Woolf: Women and Writing* (New York and London: Harcourt Brace Jovanovich, 1980), p.51.

❹Jane Marcus ed, "Thinking Back through Our Mother," *New Feminist Essays On Virginia Woolf* (The Macmillan Press Ltd., 1981), p.1.

❺Virginia Woolf, *Three Guineas* (New York: Harcourt, Brace and Company, 1938), p.160.

❻同註❺，pp.25-26。

❼同註❺，p.161。

❽Anne Olivier Bell ed., *The Diary of Virginia Woolf: Volume Four* (New York and London: Harcourt Brace Jovanovich, 1980), p.297.

❾同註❽，pp.147-148。

❿轉引自Madeline Moore, *The Short Season Between Two Silences: The Mystical and the Political in the Novels of Virginia Woolf* (George Allen & Unwin, Inc., 1984), p.1.

⓫同註❺，pp.109-110。

⓬同註❺，pp.165-166。

⓭同註❺，p.166。

❹同註❺，p.142。

❺同註❺，p.150。

❻同註❺，p.95。

❼同註❸，p.49。

❽同註❸，p.60。

第十章
回憶我們的母親

　　「回憶我們的母親」是維吉尼亞·吳爾芙
在《自己的房間》裡給女性提出的創建性意
見。她認為，女性透過追憶母輩的歷史和文學
傳統將找尋出她們這個群體的共同屬性以便增
強自己的創造力。在男性霸權的壓抑下，女性
的喉舌受到束縛，失去了她們自己的聲音，無
法表達自己的生活和思想。於是，她們在男性
控制的歷史和文學領域消失了。現在的女性主
義者必須發掘女性的話語，「回憶我們的母
親」，重現女性偉大的歷史和文學成就。

　　在〈女性和小說〉中，維吉尼亞批評道：

　　英國的歷史是男性家系的歷史，而不是女
　　性的。對於父輩，我們多少總了解一些情
　　況，知道他們的卓異之處。他們或是步兵
　　或是海軍，或是出任公職或是制定法律。
　　但是關於我們的母親、祖母和曾祖母們，
　　有什麼流傳了下來？只有傳說。某一位很
　　美；某一位長著紅頭髮；某一位曾被王后
　　親吻過。除了她們的名字、她們結婚的日

子和所生的子女的數目，我們對她們一無
所知。❶

傳統的歷史記錄的都是宗教鬥爭、戰爭、大
學、議會等等男性所謂的「偉大活動」，即使
偶爾提及某個婦女，通常不是伊麗莎白女王，
就是瑪麗女王，或者什麼貴婦，根本找不到普
通婦女的名字。她意味深長地寫道：

雖然我認為現有的歷史似乎有點兒古怪，
不真實，不全面，而我不敢有那種野心去
向那些著名大學的學生提議，請他們重寫
歷史，不過他們又為什麼不可以為歷史加
上一個補遺呢？給那補上一個不惹人注目
（這是當然的）的名字，讓婦女可以不違
禮法地出現在其中，這又有何不可？須知
人們經常在偉人的傳記中瞥見她們，她們
匆匆而過消失在背景中，有時我想，她們
隱藏了一個眼色，一聲大笑，也許還有一
滴淚水。❷

維吉尼亞相信：

> 若有人去爬梳考查那些陳年舊書信筆記，
> 去把歷史裡外顛個個兒並正確地描畫出莎
> 士比亞、彌爾頓以及約翰生時代的婦女日
> 常生活的圖景，他／她肯定不但會寫出一
> 部極為有趣的書，而且將為批評家提供一
> 種他們迄今尚缺乏的武器。❸

她決心透過追憶母系祖先來揭示被男性掩蓋的
歷史真相。她在這方面的探索可以追溯到1906
年，當時她創作了小說《瓊·馬丁太太的日
記》，在這部未發表的小說中，她對婦女和歷
史的關係進行了充分的思考。小說的主角是一
位女歷史學家羅莎蒙德·梅里杜，她在諾福克
郡發現一本1480年由一個普通村婦瓊·馬丁寫
下的日記，視如珍寶，因為日記詳細記敘了作
者一年間的生活、習慣、思想、擔心、動機和
期望。瓊·馬丁的日記反映的情況是：作者雖
然生活於英國「玫瑰戰爭」時期，但她的生活
似乎並沒有因此受到多少影響。她聽見男人們

在談那些將來會寫進歷史的「可怕的故事」
——國家的混亂狀況、陰謀、戰爭以及「正在
我們身邊發生的那些血腥行為」，而她依然繼
續著她那忙碌有序的生活，除了在夜間狂風捲
幔時會想起打仗的男人感到害怕，她滿腦子裡
想的都是結婚生子、守望莊稼、牲畜、操持家
務等等男人不屑一顧的瑣事，她感歎「我的生
命中有多少將在與男人無關也與幸福無關的思
想中度過」，打算像母親那樣，哺育兒女，料
理生活，延續人類生存的進程。羅莎蒙德·梅
里杜認為，這樣一本塵封已久的日記揭示了女
性自己的歷史，具有重大的意義，它向人們證
明：歷史的核心並不是男性記載的玫瑰戰爭那
樣的政權興衰，而是孤獨地留在城堡裡的女人
沒沒無聞的勞作。她的觀點自然遭到男性史學
家的否定，在他們眼裡，瓊·馬丁的日記完全
無足輕重，在他們書寫的歷史中，這樣的文獻
根本找不到落腳點。❹維吉尼亞透過梅里杜小
姐表現了她自己獨特的女性主義歷史觀，歌頌
了婦女在英國歷史上的作用，肯定她們是人類

生活正常秩序的維護者、人類歷史的創造者，由此打破了男性主導歷史的神話。

　　維吉尼亞並沒有就此止步，她又更大膽地闖入男性把持的文學理論批評禁地，開創了女性主義文學批評的先河。女性主義文學批評興盛於二十世紀六〇、七〇年代，它以婦女爲中心，其研究對象包括女性形象、女性創作和女性閱讀等。它首先從挖掘被埋沒或被曲解、被貶低的女作家及其作品著手，要求以一種全新的女性視角重新審視文學作品，研究女性特有的寫作、表達方式，關注女作家的創作狀況，探討不同於男性的女性文學傳統，聲討男性中心傳統文化對女性創作的壓抑，重評文學史。維吉尼亞被確認爲它的先驅，因爲她很早就聚焦婦女，寫下了大量的隨筆，談論女作家、女詩人和其他著名文化婦女，不僅包括著名的奧斯汀、勃朗黛姊妹、喬治‧艾略特、勃朗寧夫人、克里斯蒂娜‧羅塞蒂（Christina Rossetti）這些人，甚至還包括鮮爲人知的紐卡塞公爵夫人、多蘿西‧奧斯本、范妮‧伯爾內和珍‧卡

萊爾等等，力圖發掘女性文學的傳統，尋找女性的話語。她還從婦女的經濟地位、社會閱歷、文化教養等方面考察女性的文學創作活動，根據基本的文學理論，以深刻的女性主義的視角，對婦女和文學創作之間的關係進行廣泛而富有說服力的探討。其中，最著名的是她關於莎士比亞的妹妹的假說。

在《自己的房間》裡，維吉尼亞編造了一個莎士比亞妹妹的故事。她說莎士比亞有個叫朱迪思的妹妹，和莎士比亞一樣稟賦超群，富於冒險精神和充滿想像力。父母把哥哥送進文法學校，學習拉丁文、文法和邏輯，卻讓她待在家裡，不給她上學，使她失去了學文法和邏輯的機會，根本不可能讀賀拉斯和維吉爾。她偶爾拿起哥哥的一本書來讀上幾頁，父母親就會要她去補襪子或者照看爐子上的燉肉。她只能偷偷塗抹幾筆，還得仔細收藏，要不就毀掉。她哥哥後來在倫敦進入劇院，成為偉大的戲劇家。而她後來被許配給了一個相鄰的羊毛商的兒子，因為抗婚，她被父親狠揍了一頓，

以致離家出走，逃到倫敦。當時，她也想像她
哥哥那樣做一個演員，卻受到男人們的嘲笑，
並且被經紀人引誘而懷上了孩子。最後，她那
顆詩人的心被壓抑得痛苦萬分，她不得不在一
個冬夜裡自殺了，屍體被埋在一個十字路口。

　　維吉尼亞寫道：「我以為，倘若在莎士比
亞時代有一位婦女具有莎士比亞的天才的話，
那麼她的故事就會大體上是這個樣子。」❺莎
士比亞妹妹的故事旨在說明：一個在十六世紀
誕生並具有詩歌天賦的女人，注定是一個不幸
的女人，一個與自身相衝突的女人。她的全部
生活條件、她的所有本能都使她不具備創作所
需要的條件。換言之，婦女在歷史上的從屬地
位是嚴重阻礙女性文學發展的主要因素，在生
活條件極為不利的情況下，她們中間根本不可
能有人會寫出莎士比亞的戲劇。由於長期受到
婚姻、家庭、經濟、社會、法律、習俗等因素
的禁錮，婦女幾乎被剝奪了創作的機會和創作
的能力，在詩與小說面前只能保持沈默。即使
在十八世紀以後，她們中極少數一些人終於有

了一點創作機會，也還是不可避免地繼續受到
了不良的歷史條件和物質條件的影響，從而形
成了不同於男性的創作思路和創作心理。畢
竟，「寫作有賴於閒暇的時間和少量的金錢，
以及金錢和閒暇給予我們的非個人的、冷靜的
觀察世界的機會。」❻而這樣的條件對婦女來
說顯然過於苛刻。

　　莎士比亞的妹妹實際隱喻著無數具有文學
天分的婦女。追蹤女性文學的歷史，維吉尼亞
注意到，在英國文學史上極為輝煌的伊麗莎白
時代，不僅產生了莎士比亞等許多男性文學巨
人，而且似乎所有其他男人都能寫點歌劇或者
十四行詩，惟獨不見任何婦女寫過片言隻語。
這說明，婦女在男性的壓制下，喪失了話語
權。即使她們中有天才存在，也肯定從未訴諸
於筆墨。她們通常都不得不遵循男權社會的習
俗和規範，不到十五、十六歲就嫁為人婦，忙
於相夫教子，操持家務，根本沒有時間、也不
被允許去舞文弄墨。或許當時那些所謂的女
巫、聰明的賣草藥女人、傑出男性的母親都可

能是被壓抑的女詩人或女作家，而她們卻一直
被人們所迴避。在十七、十八世紀，女作家總
是被當作瘋子和怪物，爲此，女詩人溫奇爾西
夫人悲歎自己的詩行被詆毀、自己的工作被看
作一種無用的愚行或放肆的過錯；紐卡塞公爵
夫人在作品中滲透了怨憤；奧斯本·多蘿西雖
然具有寫作才能，卻堅持說服自己相信女人寫
書荒唐可笑。即使在十九世紀，婦女仍很少能
有時間、更得不到什麼鼓勵去進行寫作。珍·
奧斯汀沒有單獨的書房，大多數工作須在共用
的起居室裡完成，她總是在別人進門時小心翼
翼地把手稿藏起來；喬治·艾略特使用男性化
名，目的在於掩藏她的女性身分；夏洛蒂·勃
朗黛則一再在作品中爲自己的命運而不平。女
性仍然沒有擺脫傳統和習俗的束縛，生活視野
狹窄，性別意識強烈，使她們的作品存有很大
的疵點。甚至在二十世紀，一個女人也不可能
隨心所欲地寫作，她仍然面臨許多困難。

　　首先有個技術性問題——即，對她來說語

句的形式不得心應手。……現有的語句是
男人編造的，它們太鬆散，太沈重，太莊
重其事，不合女性使用。❼

　　維吉尼亞繼而指出，女性文學始終面臨的
最大困難其實是男性文化霸權的壓制。她說，
在文學創作領域中，男人控制著話語權，他們
的價值觀念歷來起著舉足輕重的作用。當一名
女性提筆創作時，她會發現自己總想更正現存
的價值觀——想認真地對待那些男人們看來無
關緊要的事，並使那些他們認為重大的事顯得
渺小。一旦她這麼去做，她便立刻受到男性批
評家的撻伐，他們根本不能理解、也不能容忍
女性破壞他們的傳統。因此，儘管在維吉尼亞
看來，女作家阿弗拉‧貝恩依靠寫小說養活了
自己，並帶動了一批中產階級婦女，在十八世
紀末克服重重困難投身於寫作事業，它標誌著
英國女性文學的轉折，比十字軍東征或者玫瑰
戰爭更為重要，沒有這些先驅者，珍‧奧斯汀
和勃朗黛姐妹以及喬治‧艾略特就不可能寫

作，但是，她們卻長期被男性排斥和遺忘，甚至在男性書寫的文學史上找不到一絲印跡，被徹底埋沒。男性常常借助於自己在文學創作與批評中的權威地位，打擊違背他們的文學規範的女作家，逼迫她們改變自己清晰的眼光，收起自己獨特的價值判斷。在男性霸權的統治下，女作家或者溫順羞怯，或者憤怒高聲，始終不能心平如鏡地在作品中自由地表達自己的思想。加上她們的母輩因爲長期被剝奪話語權沒有能爲她們創造一種傳統，或者說使她們的傳統太短暫且不完整，寫作對她們而言，其艱難的程度非同一般。雖然她們可以從偉大的男作家身上學習幾個技巧，卻不可能從他們那兒獲得實質性的幫助，因爲「男人的頭腦的分量、速度和步幅與她本人的情況不相像」❽。

維吉尼亞肯定，女性不同於男性的歷史和價值判斷決定了女性文學有不同於男性文學的獨特題材、語言、風格等。

在十九世紀初期，婦女的小說在很大程度

上是自傳性的。她們寫作的動機之一就是
想揭露她們自身遭受的苦難，為她們自己
的事業辯護。❾

她們所塑造的婦女形象遠遠不是男作家筆下的
模樣。從最早期起，在所有詩人的作品之中，
婦女都像烽火般燃燒著，男作家一般都按照男
性的觀念來描寫女性，結果

倘若婦女只存在於由男人所寫的虛構作品
之中的話，那麼人們就會想像婦女是最為
重要的人，千姿百態，既崇高又卑賤，既
光彩照人又令人沮喪，既美艷絕倫又極端
醜陋，像男人一樣偉大，有人認為比男人
還要偉大。❿

他們幾乎完全歪曲了婦女受奴役、受壓迫的真
實面貌。隨著二十世紀女性地位的提高，新一
代女作家逐漸形成了獨立的觀念，越來越尊重
自我的價值，開始「用一種過去從未用過的方
式來描寫女性」，試圖探索研究她們自己的性

別和地位，女性作品的題材因而日益廣泛。維
吉尼亞為之感到欣喜。她進一步要求婦女也擔
當起過去一直專由男人承擔的社會牛虻角色，
在作品中涉及社會弊端及其救治措施，或者探
討更廣博的人類命運和生活話題。她自己在這
些方面顯然作出了巨大努力。

　　維吉尼亞還特別強調女性話語的建設。她
發現，在父權制社會中，婦女長期處於沈默的
狀態，難以按照自己的體驗重新解釋世界、表
達自己的經驗，而一個沈默的群體必然會成為
被淹沒的群體。為了對抗男性話語霸權，她竭
力地挖掘女性文學傳統，倡導婦女寫作。在
《自己的房間》結尾處，她寫到，莎士比亞的
妹妹朱迪思還活著，活在新一代婦女身上，偉
大的詩人不會死去，她將在婦女贏得獨立自由
的未來重新復活。維吉尼亞呼籲新時代的女性
拿起筆，創造屬於她們自己的女性話語，將現
有的男性的語言修改變形，使之適合她們的思
想的自然型態，使之既不壓垮、也不歪曲她們
的思想。她自己身先士卒。在創作中她不斷革

新文學傳統，探索人物內心「隱秘的深處」，
捕捉人物生命中「重要的瞬間」，記錄其心靈
上「原子墜落」和開掘「內心的洞穴」，強調
男性／女性、理智／直覺、事實／幻景、白晝
／黑夜、清醒／夢幻、言辭／沈默、社交／孤
獨、鐘錶時間／意識時間、現實主義／印象主
義、晦暗／透明、土地／水域等等的對照，力
圖尋找新的藝術形式和技巧，突破占統治地位
的男性文學規範。在文學理論園地裡，她與貝
內特等老一輩男性作家論戰，批評他們那種基
於男性理性主義的現實主義創作方法，推崇一
種從女性美學立場出發的意識流創作方法，提
倡拋開人之外的物質世界，關注人的內在精神
世界。

　　在維吉尼亞逝世四十年後，即二十世紀八
○年代，她對女性話語的重視終於有了新的繼
承者。後現代女性主義者再次提出：「這個世
界用的是男人的話語，男人就是這個世界的話
語」，必須發明女性的話語，發出女性自己的
聲音，以爭取自身的權益。她們中有些人還指

出，女性話語是和女性真實的生理和心理體驗緊緊聯繫在一起的。安妮・萊克勒克闡述了女性身體快樂和女性話語之間的關係：

> 我身體的快樂，既不是靈魂和德行的快樂，也不是我作為一個女性這種感覺的快樂。它就是我女性的肚子、我女性的陰道、我女性的乳房的快樂。那豐富繁盛令人沈醉的快樂，是你完全不可想像的。我一定要提到這件事，因為只有說到它，新的話語才能誕生，那就是女性的話語。

法國女作家西蘇（Hélène Cixous）甚至直接強調女性以「身體寫作」：

> 是生活用我的身體造就文本。我即文本。歷史、愛情、暴力、時間、工作、欲望，把文本記入了我的身體。女性寫作就是要消解語言中的男性成分，讓女性的身體發言。

其實，維吉尼亞也曾涉及到女作家希望表

達肉體和情欲方面的體驗這個問題。在〈婦女的職業〉中，她寫道：

> 這體驗我相信在女作家身上遠比在男作家身上更常發生。釣線從姑娘的指頭縫裡飛出去。她的想像已經急湧而出。它已經搜尋過水潭、深淵、最碩大的魚兒沈睡的黑暗處。隨後傳來了一下撞擊聲。發生了一次爆炸。出現了泡沫和混亂。想像力猛地撞上了某種堅硬的東西。姑娘從她的夢想中被驚醒了。她實際上正處在一種最劇烈最難受的苦惱狀態中。不加修飾地說，她想起了某些事情，某些不宜由女人之口講述的關於肉體、關於情欲的事情。男人們，她的理智告訴她，對此是會感到震驚的。一旦意識到男人會如何議論一個說出自己在情欲上的真實感受的女人，便把她從她那藝術家的潛意識狀態中喚醒了，她根本無法再寫下去了。那種恍惚出神的狀態消失了。她的想像力不能再工作了。我

相信這在女作家們中是一種非常普遍的體驗——她們被另一種性別的極端性的習俗慣例遏制住了。因為儘管男人們明智地允許自己在這些方面享有很大的自由，但是我懷疑他們是否認識到了、或者能夠控制住他們在譴責婦女也如此自由時的那種極端嚴厲的態度。

1928年女作家拉德克利夫‧霍爾描寫女性同性戀的小說《孤獨的井》出版後，遭到輿論的群起攻擊，英國內務部和法庭嚴格禁止發行該書並下令銷毀，維吉尼亞和雷納德、福斯特等都參加了抗議活動，9月8日維吉尼亞‧吳爾芙和福斯特還在報紙上聯名發表了聲援信。維吉尼亞自己在小說中也描繪過同性間的親暱。例如，《戴洛維夫人》中戴洛維夫人年輕時和女友之間的關係、《燈塔行》中莉麗與拉姆齊夫人之間的關係。據說，維吉尼亞本人具有「薩福式」的傾向，她和薇塔等女友之間可能存在著同性戀。

　　無論如何，維吉尼亞的女性主義歷史和文
學觀爲學術研究打開了新的視野，對女權運動
向更深層次發展有著積極的意義，隨著當代女
性主義文化大批判在各個領域的滲透，維吉尼
亞的觀點越來越爲人們所認同。

註釋

❶Michè le Barrett ed., *Virginia Woolf: Women and Writing* (New York and London: Harcourt Brace Jovanovich, 1980), p.44.

❷劉炳善編，《伍爾夫散文》，中國廣播電視出版社，2000，頁504。

❸同註❶。

❹參見Lyndall Gordon, *Virginia Woolf: A Writer's Life* (Oxford University Press, 1986), pp.87-88.

❺同註❷，頁507。

❻同註❶，p.51。

❼同註❶，p.48。

❽同註❷，頁536。

❾同註❷，頁502-503。

❿同註❶，pp.61-62。

第十一章
雌雄同體

　　維吉尼亞‧吳爾芙犀利的目光不僅洞穿了
兩性間現存差異的實質，還預見到未來兩性融
合的發展趨勢，提出了富於辨證精神的雌雄同
體說（androgyny），再次表現出自己遠比當時
的女性主義者甚至當代女性主義者深刻的地
方。

　　在《自己的房間》的第六章，維吉尼亞‧
吳爾芙寫道：

　　人們具有一種深刻的、如果說是非理性的
　　本能，那本能贊成下述理論，即男人和女
　　人的結合可以有助於造成最大的滿足，造
　　成最完美的幸福。……在我們每一個人當
　　中都有兩種力量在統轄著，一種是男性
　　的，一種是女性的。在男人的頭腦裡，男
　　人勝過女人；在女人的頭腦裡，女人勝過
　　男人。正常而又舒適的存在狀態，就是在
　　這兩者共同和諧地生活、從精神上進行合
　　作之時產生的。如果一個人是個男人，那
　　麼頭腦中的那個女人的部分也仍然一定具

有影響；而一個女人也一定和她頭腦中的
男人有著交流。柯立芝說，偉大的腦子是
雌雄同體的，他這話大概就是這個意思。
❶

雖然維吉尼亞·吳爾芙積極挑戰父權體制、倡
建女性主義價值觀，但是她並不認爲男女兩性
在根本上是永遠對立衝突的，她依然嚮往著兩
性的和諧統一。

　　維吉尼亞·吳爾芙首先希望在藝術領域中
突破兩性對立的框架，推出了她那超越性別的
美學思想。1924年，維吉尼亞·吳爾芙首先在
〈保護人和番紅花〉一文中表明了這樣的態
度：「一個作家是沒有性別的。」❷後來，她
在《自己的房間》第六章裡，又批評作家如果
執著於自己的性別，那麼他們就不可能創作出
眞正完美的作品。人的頭腦雖然具有一種在任
何時刻集中在任何一點上的巨大力量，但絕非
只有一種單一的存在，而如果作家受制於自己
的性別意識，僅用自己頭腦的單一側面去思考

與寫作，肯定不能達到至高的境界。在意識的偏頗之中寫作，其作品必然會喪失生命力，必死無疑。

> 它不再是得到了營養。儘管它可能有那麼一兩天顯得才華橫溢而且具有影響、有力而精巧，它卻一定會在夜幕降臨時枯萎，它不能夠在別人的頭腦中成長。在頭腦中首先須有女人和男人的某種合作，然後創造的藝術才能得以完成。❸

維吉尼亞稱讚莎士比亞、濟慈、斯特恩、柯珀、蘭姆、柯立芝、雪萊、普魯斯特，他們都是雌雄同體的偉大作家，他們完全不受性別意識的干擾，作品因此具有永恆的魅力。而在高爾斯華綏、吉卜林等作家的作品中，維吉尼亞讀出的是對男性美德的一味稱頌、對男性價值的一味強調，找不到一點女性的東西，太多的男性自我意識使他們的作品在女性看來，顯得粗糙而又不成熟。遺憾的是，在傳統觀念體系的影響下，大多數男性作家至今仍不能擺脫

性別意識。

　　維吉尼亞雖然理解女性因遭受不公平待遇
而產生了強烈的憤慨和抗議情緒，卻不贊成女
性作家把作品變成某種個人不滿或牢騷的傳聲
筒。她從女性主義思想出發卻超越了女性主義
的視野，將目光投向了普遍問題和藝術的普遍
法則。在她看來，過分女性化的藝術想像正如
過分男性化的藝術想像一樣，喪失了完美的整
體性，與此同時，也喪失了作為一件藝術作品
的最基本的要素。儘管女作家的憤怒具有歷史
的根源和合理性，但並非藝術的終極目的。在
《自己的房間》第五章結尾處，維吉尼亞透過
虛擬的女作家瑪麗‧卡邁克爾為現代女作家指
明了這樣一條出路：男人不再是「敵對黨」，
用不著浪費時間去攻擊他們。瑪麗「作為已經
忘記自己是女人的一個女人」而寫作，在她身
上「性並不意識到自身的存在」，這樣她就
「好像來到世界的頂端一般，並且看見這個世
界在下面極為壯麗地伸展開來」。❹作家最關
鍵的是要有「詩意」或「詩人氣質」：

超越個人的、政治的關係，看到詩人試圖
解決的更為廣泛的問題──關於我們的命
運以及生命意義的問題。❺

維吉尼亞在〈女性與小說〉中，曾展望一個尚
未達到但正在接近的新時代，那時人們將獲得
只有天才和獨創性的作家才能具有的超然態
度，在生活和藝術中都轉向非個人化，以自
由、寧靜的心境，完全充分地傳達自己的經
歷。

　　在《歐蘭朵：一部傳記》中，維吉尼亞構
造出了一個她理想中的雌雄同體的詩人──歐
蘭朵。歐蘭朵曾經是個男人，後來變成了女
人，他／她的性別變換直接體現了維吉尼亞的
雌雄同體思想。維吉尼亞寫道：

　　儘管性別不同，但它們混雜在一起。在每
　　一個人身上都發生由一個性別到另一個性
　　別的擺動，而且經常地僅僅是服裝使人保
　　持了女性或男性的外表，而在服裝下面的
　　性別與在上面所表現的恰恰相反。因此，

每個人都曾有過這種複雜性與混亂性所引起的後果的體驗。**❻**

維吉尼亞相信，性別是互通互融的，只是習俗像服飾那樣，使兩性對世界的看法和世界對兩性的看法發生了變化。

如果將歐蘭朵作為男人的畫像和歐蘭朵作為女人的畫像進行比較，我們就會發現儘管兩幅畫像上無疑是同一個人，但仍然存在著某些變化。男人那幅一隻手自由地把握著劍，女人則必須用手抓住緞子披肩以免它從肩上滑下來。男人將臉正面朝向世界，彷彿這世界是為了他的意圖而設置，並且以他喜歡的形式而構成的。女人則斜臉側視著它，滿臉微妙，甚至懷疑。如果他（她）們穿了相同的衣服，很有可能他（她）們的視野會是相同的。**❼**

對於歐蘭朵來說，

性別曾使她心煩意亂，她的性別是什麼，

> 它意味著什麼，現在她平息了下來；她只
> 在考慮詩歌的榮耀，馬婁、莎士比亞、
> 本·瓊生、彌爾頓的偉大詩行開始洶湧回
> 蕩……❽

在擺脫了性別意識的糾纏之後，歐蘭朵終於成
爲一個眞正合格的藝術家。

　　《歐蘭朵》這部作品透過一個由男性轉換
爲女性的主角對世界、對傳統價值的重新審視
和重新判斷，暗示了兩性融合的重要性和可能
性。歐蘭朵的雙重性別體驗使他／她終於能從
男女兩性的雙重角度看待問題，對維多利亞時
代的婦女觀作出公正的判斷。在了解男女兩性
的秘密後，他／她發現每一方都充滿令人悲歎
的弱點。理想的狀態應該是：一個女人能夠像
一個男人一樣容忍和直言不諱，而一個男人能
像一個女人一樣奇特、微妙。歐蘭朵和她的丈
夫謝爾邁丁就是這種理想的化身，他們倆氣質
上既不是絕對女性化或絕對男性化，而是二者
兼備，代表著未來兩性共同追求的和諧與統

一。

　　其實，本來人類最初在精神上一直處於渾然一體的純眞狀態。歷史唯物論表明，人類社會的產生和發展曾經自然形成了原始的兩性融合。在原始群和母權制時代，並不存在一個性別壓迫另一個性別的現象，所以許多民族的初始神都是兩性同體的。例如，在印度南部泰米爾人的雕塑中，雌雄同體的形象就比比皆是。不過，那時人類的物質生活和精神生活的水準都很低下。隨著生產力的提高，人類文明時代開始了，兩性之間不斷分裂，產生了性別壓迫。恩格斯在《家庭、私有制和國家的起源》中明確指出：

> 母權制的被推翻，乃是女性的具有世界歷史意義的失敗。丈夫在家中掌握了權柄，而妻子則被貶低，被奴役，變成丈夫淫欲的奴隸，變成生孩子的簡單工具了。❾

從此，生理性別被附上了社會性屬意義，男女在父權制下被教化成不同氣質的人，兩性進入

了對立衝突的狀態。《聖經·創世記》也隱喻到：人類始祖亞當和夏娃偷吃了上帝的禁果之後，懂得了男女的性別區分，羞澀地用無花果葉掩蓋下體，人類從此喪失了樂園，背負了原罪。然而男女的不平等終究是不應該的，當人類的物質生活和精神生活水準有了巨大提高之後，人們必然會重新思考雌雄同體這個古老觀念的現代意義，轉而追求更高水準的兩性融合目標，摘去那片代表「文明制度」的無花果葉。

　　千百年來，父權制的性別體系占據了人們的大腦，兩性被說成天生固有不同的氣質，並被賦予界線分明的性角色：男性勇猛堅強、積極能幹、富於競爭、充滿活力、重理性、適於統治；女性柔弱、溫和、被動、消極、樂於服從。事實上，這些所謂的男女固有的氣質是在社會的壓力下形成的，它們的區劃嚴重影響了兩性的心理發展。維吉尼亞力圖在自己的作品中改變這種所謂的定勢，塑造出了全然不符合上述界定的男女人物。她故意在某些男性身上

注入女性氣質，而在某些女性身上注入男性氣
質，表達出她對雌雄同體的精神境界的嚮往。
早在創作小說《出航》和《夜與日》時，維吉
尼亞就開始了這樣的嘗試。《出航》中的特倫
斯‧休伊和《夜與日》中的拉爾夫都是明顯
「女性化」的男主角。他們代表著男性完全可
能像女子一樣富於同情；《出航》的女主角雷
切爾和《夜與日》的女主角凱瑟琳是傳統性別
觀念的反叛者，她們對想把其培養成淑女、去
順從男人的父親充滿了怨恨；《出航》中的海
倫和《夜與日》中的瑪麗則是維吉尼亞推崇的
雌雄同體的典範，她們身上體現了男女特質的
平衡，尤其是瑪麗，她既積極進取、大膽果
斷，又溫柔善良、感情豐富。維吉尼亞有時還
透過把特別男性化和特別女性化的男女進行對
照，讓人們看到所謂男女特質的對立互補性，
以幫助他們接納男女特質相互融合的必要性。
例如，《燈塔行》中，拉姆齊夫婦的性格刻劃
就反映了這一點。

　　實際上，維吉尼亞‧吳爾芙的雌雄同體說

突破了性別對立的傳統思維框架，達到了性別超越的新境界。她認識到，壓迫者與被壓迫者同樣都是不自由的，性別壓迫者與被壓迫者也是如此。在父權制社會中實質上不僅女性受到嚴重束縛，男性也沒有完全的自由。從根本上說，婦女的解放也意味著男性的解放。只有男女兩性都獲得眞正的自由和解放，人類才能眞正發展進步。維吉尼亞·吳爾芙曾在〈空襲中的和平之思〉一文中就吶喊道：

> 如果我們能從奴役狀況下把我們自己解放出來，我們也應該能把男人從暴政下解放出來。❿

或許，若干年後波娃的名言——解放女人也就是解放男人——是受了維吉尼亞的啓發。維吉尼亞早就看出，未來人們努力的方向應該是消除兩性之間形而上學的二元對立，消除以兩性對立爲基礎的整個社會價值觀念和思維模式，消除所謂性別優劣的劃分，把男女兩性都納入到平等的「人」的範疇中，實現兩性的融合。

這樣，男女之間就不會存在不可逾越的鴻溝，
男女都不用再爲爭取平等或消除差異而鬥爭。
男人將走向女人，女人也將走向男人，兩性之
間將出現前所未有的和諧，個人之間的差異將
比男女之間的差異更重要。

　　二十世紀八〇年代後，維吉尼亞的雌雄同
體說引起了女性主義者的廣泛爭論。後現代女
性主義者對它進行了各種不同的解讀。一部分
人像維吉尼亞一樣懷疑「女人」、「父權制」
這類概念帶有本質主義色彩，力圖消解傳統的
男女兩性二元對立論，希望人們注意男女兩種
性別內部各自存在的差別，提倡多元政治；另
一部分人則意識到，在女性至今仍然遭受各種
歧視和各種不公平待遇的世界裡，當務之急恐
怕還在於顚覆男權社會，雖然矯枉不必過正，
不能以新的性別壓迫代替舊的性別壓迫。但
是，可以預見，隨著人類物質文明和精神文明
的高度發展，維吉尼亞‧吳爾芙所設想的兩性
融合的時代終將到來。

註釋

❶劉炳善編，《伍爾夫散文》，中國廣播電視出版社，
　2000，頁558-559。

❷同註❶，頁132。

❸同註❶，頁566。

❹同註❶，頁554。

❺Michè le Barrett ed., *Virginia Woolf: Women and Writing*
　(New York and London: Harcourt Brace Jovanovich,
　1980), p.51.

❻韋虹等譯，《奧蘭多：一部傳記》，哈爾濱出版社，
　1994，頁118。

❼同註❻，頁118。

❽同註❻，頁102。

❾轉引自李靜之、張心緒、丁娟，《馬克思主義婦女
　觀》，中國人民大學出版社，1992，頁1。

❿孔小炯、黃梅譯，《伍爾芙隨筆集》，海天出版社，
　1993，頁121。

吳爾芙　　　　　　　　　當代大師系列27

著　　　者／吳慶宏

編輯委員／李英明・孟樊・陳學明・龍協濤・楊大春・
　　　　　曹順慶

出 版 者／生智文化事業有限公司

發 行 人／林新倫

執行編輯／晏華璞

登 記 證／局版北市業字第677號

地　　　址／台北市新生南路三段88號5樓之6

電　　　話／(02)2366-0309　2366-0313

傳　　　眞／(02)2366-0310

E - m a i l／book3@ycrc.com.tw

網　　　址／http://www.ycrc.com.tw

郵撥帳號／14534976　揚智文化事業股份有限公司

印　　　刷／科樂印刷事業股份有限公司

法律顧問／北辰著作權事務所　蕭雄淋律師

初版一刷／2002年8月

定　　　價／新台幣200元

I S B N／957-818-404-2

總 經 銷／揚智文化事業股份有限公司

地　　　址／台北市新生南路三段88號5樓之6

電　　　話／(02)2366-0309　2366-0313

傳　　　眞／(02)2366-0310

國家圖書館出版品預行編目資料

吳爾芙＝Virginia Woolf / 吳慶宏著. -- 初版. --
台北市：生智, 2002[民91]
　　面；　公分. --（當代大師系列；27）

ISBN 957-818-404-2（平裝）

1. 吳爾芙（Woolf, Virginia, 1882-1941）-
傳記　2. 吳爾芙（Woolf, Virginia, 1882-
1941）- 作品評論 3. 吳爾芙（Woolf, Virginia,
1882-1941）- 學術思想

784.15　　　　　　　　　　　91008433